其實，
我是個內向的人

面對人際關係，
隱藏的是不安的自己

南仁淑 —— 著
陳品芳 —— 譯

有隻兔子 —— 繪圖

你是不是也曾這樣問過自己？

內向者會對自己提出這些問題：

認識很久就是好的人際關係嗎？
抱持著好感開始交流的人，
就一定要成為朋友嗎？
失去了認識很久的朋友，
難道就代表我不是一個好人嗎？

雖然敞開心胸，
但對方允許你了解他到哪裡，
你就只能深入到那裡。
不要硬是邀請別人走進你的人生
不要只依靠過度親密的一、兩段關係。
不要期待對方對你付出太多

人生呀，
原本就是孤單的。

變成大人之後，你有更了解自己嗎？

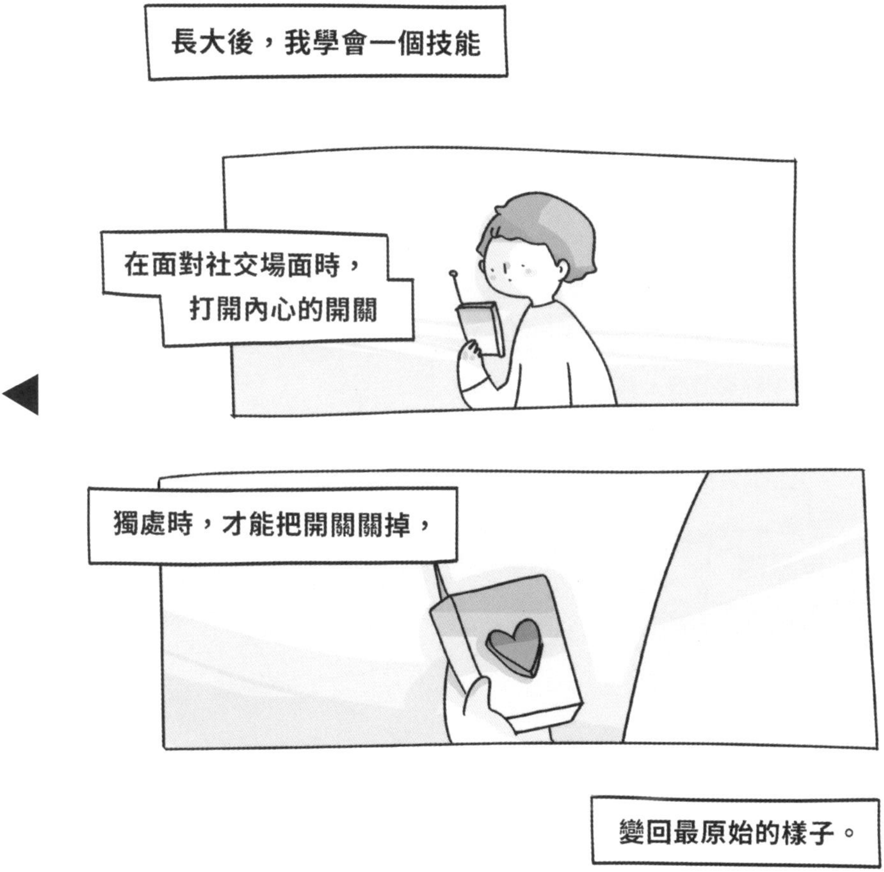
長大後，我學會一個技能
在面對社交場面時，
打開內心的開關
獨處時，才能把開關關掉，
變回最原始的樣子。

回到家之後關掉開關的我，就會變成一灘爛泥。
即使那天是跟人共度美好的時光，
還是會筋疲力盡
但是呢
可以自由開啟或關閉這個模式，
是不斷鼓起勇氣違背本性，才能獲得的獎盃。

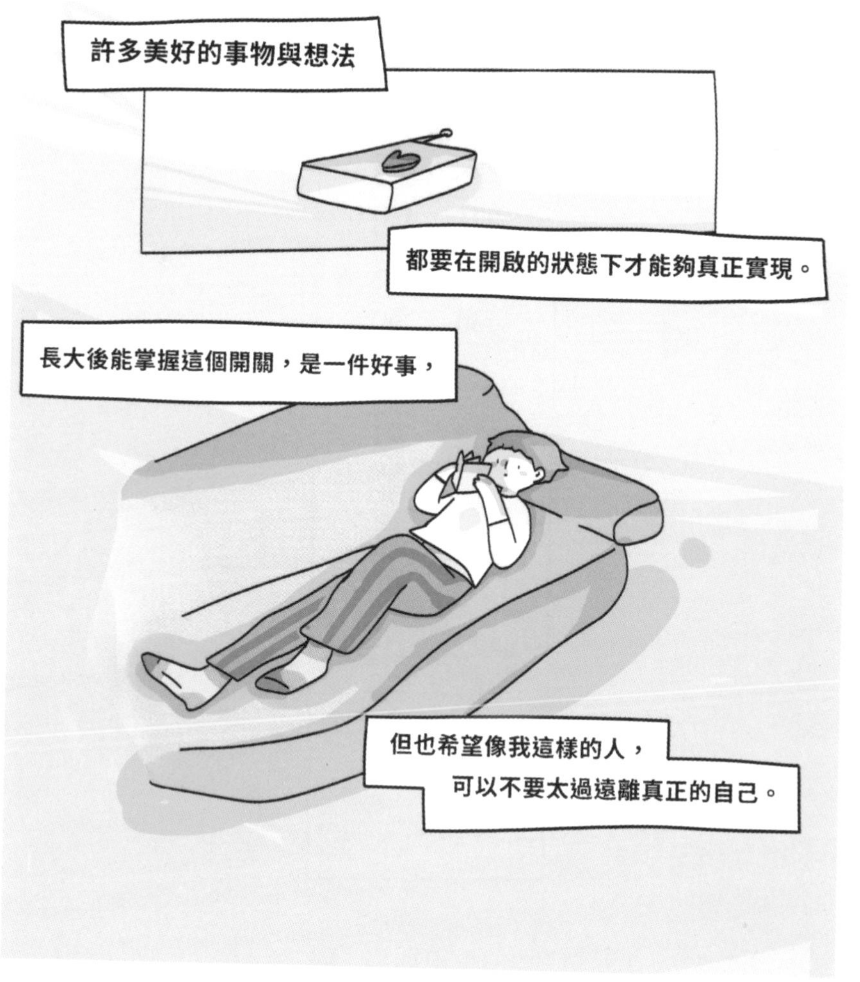
許多美好的事物與想法
都要在開啟的狀態下才能夠真正實現。
長大後能掌握這個開關，是一件好事，
但也希望像我這樣的人，
可以不要太過遠離真正的自己。

其實，內向與敏感可能是你的天賦，
只是你不知道。

個性敏感，跟把敏感的個性表現出來，

是兩件完全不同的事情。

內向者無法承擔
自己對他人表達不滿時所產生的壓力，
他們也會注意到正在表達不滿的自己，
對自己施加壓力。

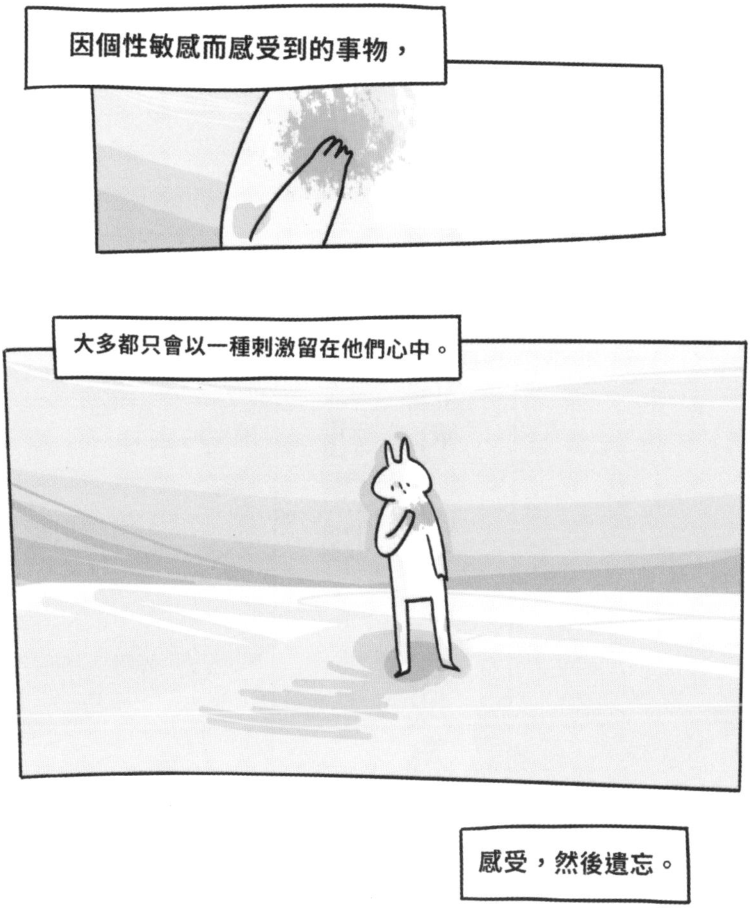
因個性敏感而感受到的事物，
大多都只會以一種刺激留在他們心中。
感受，然後遺忘。

其實，你握有一個幸福開關。
不要否定你的內向個性，它才會成為力量。

外向的人，會有突然不想說話的時候
偶爾，也會想鑽進洞窟一個人待著
想要自己一個人靜靜待著時，
就會不斷被問「怎麼了？」

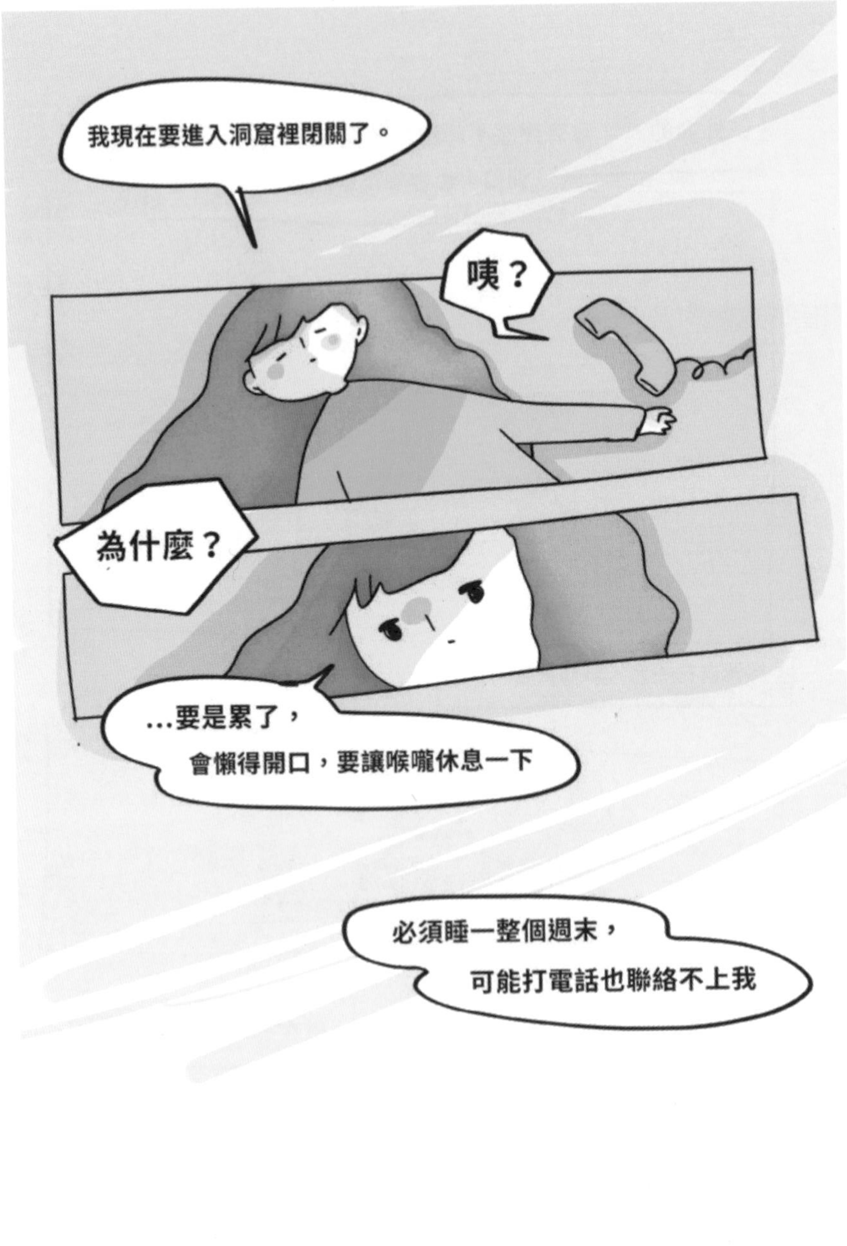
我現在要進入洞窟裡閉關了。
咦？
為什麼？
...要是累了，
會懶得開口，要讓喉嚨休息一下
必須睡一整個週末，
可能打電話也聯絡不上我

...喔好
你好好休息喔！
一開始，會覺得不被理解有點厭煩，
好啦
但另一方面身邊有人會擔心自己，
其實是件令人感動的事情。

現在，重新認識你自己。

我是個內向的人嗎？

○ 可以自己一個人面對最開心或最幸福的時刻。
○ 決定好旅行行程會很開心，但一方面也會有壓力。
○ 就算一個禮拜不出門、不跟人見面，也相信自己不會覺得無聊。
○ 外務結束後如果有剩餘時間，比起去找附近的朋友，更喜歡自己在咖啡廳休息。
○ 失戀或是遇到被背叛之類的事情時，大大傷心完後會想自己一個人待著。
○ 太多人的聚會會覺得很累，喜歡一對一的見面。
○ 聊天的時候如果對方說的話很有趣，那靜靜聆聽也沒關係，不覺得自己一定要說話。
○ 經常會後悔自己說的話，而且會記得很久。
○ 自己一個人待在房間裡的時間最幸福。
○ 如果對方因為不得已的原因而取消約會，不僅不會不開心，甚至會覺得很高興。但也不是討厭這次的聚會，如果真的赴約了還是會很開心。
○ 經常會受緊張性頭痛所苦。
○ 不喜歡惹事，但如果不把已經發生的事情好好結束，就會自己給自己壓力。

符合十項以上，就是典型的內向者。
符合七到九項則是有內向者的傾向。
符合四到六項則是介於內外向之間。
低於三項則是外向者。

目錄 CONTENTS

Chapter 1

以一個內向者的身分生活

Chapter 2

嗶——轉換為社會化模式中

Chapter 3

讓原本的我做原本的我

Chapter 4

只要一步就夠了

【序】

關於坦承我很內向

「我是個內向的人。」

當我說出這句話，朋友驚訝地看著我，在短暫的沉默之後，朋友說：

「你不要去外面跟別人說這種話。」

我說自己很內向這件事情，對他來說好像很不可思議。他之所以會這樣，或許是因為我在人很多的地方，並不會保持沉默或是怕生，我甚至可以在數百名聽眾面前演講，在電視台的攝影機前面侃侃而談。

但如果因為這樣認為我很外向，那誤會可就大了，因為對我來說，「內向」的定義並非如此。一個人內向還是外向，並不是用善不善於表達來區分。

內向的人是在物質上、情緒上都很敏感的人。所以外界的細微變化，都可能會刺激到內向的人。光是簡單的外出與輕鬆的互動，就會讓人覺得很疲倦。舉例來說，就像是開著無線網路或藍牙功能的手機一樣，即使不連上網路或其他裝置，也還是會接收到其他的訊號，很快耗盡電力。所以這樣的人，反而需要更多的充電時間。有時候內向者也能像我一樣，選擇以讓自己順利放電的人生態度來面對生活。因為認為這是一件有價值的事，所以才會與人來往、不抗拒新的體驗。但這只是暫時偏離生活常軌而已，並不是我們真正的個性。跟這個世界交流的時間雖然很愉快，但最讓人開心的還是獨處的時光。

身為一個內向的人，我在社會化之前常覺得自己低人一等，無法很快與他人打成一片，在人際關係中總是被邊緣化，對自己感到很失望，也擔心未來的人生該怎麼辦。但後來我接受這樣的自己，一點一點地鼓起勇氣，嘗試一步步跨出天生的個性為我畫的範圍。就這樣，我也開始過得很好。

要在這個社會繼續生活下去，卻沒辦法熟練地向別人、向外界伸手，這樣的個性過去確實讓我感到很不自在。老實說，如果有機會重新投胎，我還是希望自己可以外向一點。不過內向的人也有一些優勢，便於我們達成自己的目的。

如果說人的一生，最有意義的事情是幸福，那從結果來看，內向的人確實沒有什麼損失。內向者所能找到的幸福，比一般的幸福更深入、更隱密。了解到這不是內外向誰好誰壞的問題，並且以正確的態度看待自己，才有可能獲得這樣的幸福。

如果你也是個內向者，那應該多少會對我接下來要說的故事有些共鳴，但應該也會有無法理解的部分。內向者其實有很多不同的面相，當發現到過去自己與別人都不了解的一面時，就能徹底改變曾經連自己都覺得自己傻的人生。希望內向的人能夠接受自己天生的個性，活得更自由、更幸福。

Chapter 1

以一個內向者的身分生活

我是個內向的人？外向的人？

如果我說我正在寫跟內向有關的文章，大多數的人第一個反應都是：

「我也是個內向的人！」

絕大多數有八成的人都會說自己內向，從某個角度來看這應該很正常，但還是有一些不管怎麼看都很外向的人也會說這種話。

這種會在人多的聚會上刷存在感、說幾個笑話，大膽上傳「自拍」到社群平台上，希望吸引大家注意的人，我覺得應該是外向。但還是有很多外向的人，不會去做這麼引人注目的行為，或是做了這些行為，但實際上卻很內向的人也不在少數。

基本上，人在群眾面前就是會覺得緊張、害怕。

但熟悉這些事情、可以泰然自若地面對這種環境的人，很容易誤會自己不是個內向的人。比起認定擅長跟他人相處的人就一定很外向，我覺得想成是善於在他人面前展現個人的才能，好像比較接近事實。

我的朋友中有人很會說話，每說一句話就能讓現場笑到翻過去。這樣一來，受到他人注目、回應那樣的期待，讓大家笑個不停就成了他的習慣。但他本人其實很內向，會刻意避開人多的場合，總是希望獨自度過休閒時光。要站在群眾面前的演藝人員當中，也有許多這類型的人，但公開活動也不代表他們就是假裝外向。

做了之前在網路上看到的內外向測驗，結果是「中等程度的外向」。其中大多數的問題，都是「喜歡跟人見面嗎？擅長在許多人面前說話嗎？」等這類以自己的標準來判定的問題。

我本來還在想居然有這種測驗，做了之後才發現這份測驗只適用高中以下的人，其他網站也同樣有這份測驗，可是只建議十四歲以下適用。

所以換句話說，我們只會讓尚未社會化的孩子，以他們個人的氣質來測出個人的行為模式。如果不是把內向與外向當成「行為」，而是當成一種「氣質」的話，那就可以當成是了解一個人的工具。

這裡我想再給一個提示，當你不知道自己屬於哪一類型的時候，可以試著回想一下小學時的模樣。小時候我們是靠著天生的氣質生活，隨著社會化漸漸地變成與他人相似的模樣。

據說內向者與外向者的多巴胺受體有差異。多巴胺是與幸福、快樂、興奮有關的荷爾蒙，會因為新的刺激而分泌。外向者對多巴胺帶來的神經性興奮比較遲鈍，所以不會因為促使多巴胺分泌的外在刺激而承受壓力，反而會覺得沒有刺激的無聊環境很痛苦。

相反地，像我這樣的內向者，則是會因為在放鬆的環境下讓人感到喜悅，也就是會因為乙醯膽鹼的分泌而感到幸福。

所以比起人群、新的刺激或經歷，反而更喜歡自己一個人獨處。對這些人來說，休息不是跟朋友喝酒聊天，而是躺在自家的沙發上看電視或滑手機。

這種個性是天生的，無法靠訓練改變。

隨著面對外界刺激的態度不同，可以將個性分為內外向，但其實無論是哪一種氣質，都沒有這麼明確的劃分。有些人的氣質非常極端，有些人則處在無論說是內向還是外向，都有點曖昧的中間地帶。如果無法知道自己究竟是內向還是外向，那你或許是處在中間地帶的人。就像世界上有很多種人一樣，我們的氣質光譜也非常廣。

小時候，我常被父母責備說要改改這個不大方的個性，這讓我一直很委屈。現在依然有許多人將天生的氣質當成是需要矯正的對象，我覺得這很可惜。用「行為」來檢測是內向還是外向的檢查只適用於青少年，就表示離開青少年期之後，內向的人也會具備一定程度的社會化。

但我在想，我們一定要讓這些依循天生個人氣質成長的孩子，變成擁有同一種性格的人嗎？

比起我們究竟在光譜上的哪個位置，我想更重要的應該是接受我們自己的狀態吧。

─我沉默寡言嗎？─

曾經有一次跟幾個朋友碰面，當場在約下次見面的時間，但我卻說自己那天有演講的行程，結果有人做出非常古怪的表情。

「妳有辦法演講嗎？」

不必特別解釋，我好像也可以明白他話中的含意。

私下話不多的妳，可以在很多人面前演講？這真的有可能嗎？

我想他大概是想接著說這句話。不過聽完他說的話之後，我在想他會這樣懷疑也是情有可原，因為依照我的分類，他是「喜歡說話的人」。

我跟人碰面、聊天的時候，說話的量會隨著對象而改變。如果跟想聽我說話的人見面，我就會多說點話；如果跟想要說話的人見面，我就會盡可能不開口。

因為面對喜歡說話的人，一方面是因為不管我說什麼，對方都不會認真聽，所以也覺得沒必要說話，另一方面也是因為跟他們這樣的人說話很辛苦。比起吸收他人提供的資訊，這些人更在乎的是自己要說些什麼，所以對他們說自己的事情，就像是硬要把東西塞進一個已經爆滿的袋子裡一樣，每說一句話都讓人很煎熬。跟這樣的人見面，我通常都是丟問題給他們，或是回答他們對我提出的問題。因為不被歡迎，所以我也不會一直說話，但也不會嘗試打斷他們，這樣兩個人才會都對那次的見面感到滿意。如果遇到這樣的情況，對方所說的話就必須要有聽的價值，這段關係才能維持下去。

聽到我要演講而感到訝異的朋友，就是屬於這個類型的人。跟他見面時話很少的我，不知不覺間自然被貼上「可以對話但是不太會說話」的標籤。

大家通常認為內向的人不愛說話，但無論個性怎樣，其實沒有人不愛說話。只要是人，大家都會想把內心話說出來，有分享自己擁有的資訊或意見的欲望。但內向者對聆聽自己說話的人的反應比較敏銳，如果對方看起來對自己的話不滿意，他們實在沒有自信能夠一笑置之。說實話，誰能對別人的反應完全無感？

今天晚上就試著進到酒館，去聽聽隔壁桌的對話吧。一定會有很多喝了酒話匣子大開的人，不管對方有沒有在聽，都還是忘我地繼續說下去。尤其是平常不太和人對話的中年男性，到了酒席間，就會做出一直對著空氣自說自話的行徑。不過其實世界上有很多就算清醒，還是可以不在乎對方的反應、繼續自說自話的人。

內向者會因對方的反應倍感壓力，所以他們會感受這些情緒，不表現出自己想要說話的欲望。他們只會對可能會給自己正面反應的熟悉對象，傾吐自己的心聲。看到這些人跟相處起來較自在的對象見面，話匣子大開的樣子，會大吃一驚也是很正常的事。

內向的人其實只是選擇性地愛聊天，我會開始寫文章，或許因為這是一種最不會讓人感覺疲憊的說話型態也說不定。

有時候會因為他人的反應而放心，話一下子多了起來，但又在某一瞬間感受到對方有點負面的訊號，清醒過來之後感到後悔。

為什麼我要說這種廢話？是不是說太多自己的事了？在他眼中我應該是個很奇怪的人吧？

曾經有一段時間，這些情緒會在我呆坐上地鐵時、躺在床上入睡之前，隨時從某個角落爬出來折磨我。那些覺得不應該把這些話說出口的想法，會不斷在腦海重複播放（老實說，現在還是會有些話像這樣在腦海中重複播放）。有時候後遺症會持續好幾天，這樣一來就會變成除非在不管怎麼說都沒關係的人面前，否則話就會越來越少。

因為要一直看對方的反應說話，所以覺得很累，自己一個人的時候還會被那些幻影所折磨，這樣的聊天內容對內向者來說其實是一種傷害。

於是便自然開始避免與人見面。我認為，不硬逼自己去面對尷尬的事情，也是一種成熟的態度。但如果安於天生的個性，太過追求舒適平凡的日常生活，感覺好像反而會錯過真正舒適的生活條件。

仔細想想，那些能夠讓我放心說話的關係，一開始好像都是從尷尬的關係開始發展。承受那一點點的尷尬不適，進而發展出來的關係，其實可以幫助我確認自己正在過著一段不錯的生活。如果不喜歡這種冒險，只想依賴現在的舒適關係，反而更容易失望，失去這段關係的時候，則會有被孤立的感覺，而無論再怎麼內向的人，都不喜歡被孤立。

我花了很長一段時間，一點一點地投資自己貧乏的能量，培養出幾段自在的關係。偶爾在跟他們見面，天南地北隨便亂聊之後，反而會讓獨處的時光變得更加珍貴。在聊天與沉默之間保持平衡，是我要繼續以一個內向者身分活下去所不能放棄的美德。

內向者會因對方的反應倍感壓力，
所以他們會感受這些情緒，
不表現出自己想要說話的欲望。

嗶——按下社會化開關

因為工作和人見面，偶爾會有一些模糊的感覺。

像是發現對方原本是個內向的人，但現在切換成外向模式。

發現對方很努力。

雖然與別人的互動越少越讓內向者感到自在，但不管再怎麼內向的人，都不可能過著不與他人互動的生活，這點從我們經常把工作跟「社會生活」畫上等號就可以略知一二。仔細想想，為了討生活所賺來的這些錢，有很大一部分其實都是與他人來往、互動換取而來的代價。

即便可以盡情地過著內向的生活，也不見得完全是好事。我覺得最舒服的姿勢就是躺在床上，但如果因為身體不舒服而只能成天躺在床上的話，就會知道即便是一個身體健康的人，也無法在床上連續躺好幾個小時。

整天躺在床上會腰痠背痛，只要是活著的動物，都會因為長時間維持同一個狀態而不舒服。還有，感受這種事情一直都是相對的，所以要在舒適的狀態下，才有辦法知道這種狀態是舒適的。

而無法整天窩在家裡足不出戶的決定性原因，就是人類是最具代表性的群居動物。進化心理學家解釋，消耗人體大量熱量的大腦，之所以能夠發展至此，就是因為高度的社會生活。其實如果想獨自在大自然中生存下來，尖銳的牙齒或強健的肌力，比能夠解開微積分的智力重要。所以我們的基因，都被設計成可以從「關係」中獲得幸福的結構。也因此無論再怎麼喜歡獨處，或即使只能跟少數比較親近的人來往，還是必須要稍微跳脫自己的本性。

那些能讓人感到活著是有價值的事物，大多都屬於這個領域。

超級內向的我，在幾個情況下，會打開意識當中的開關，我稱之為「社會化開關」。像是對方比我更內向，或是我必須主導對話的時候，再不然就是必須出席公開場合的時候。此外，還有很多必須要表現得外向的場合。無論對方本來的個性如何，外向的態度比較可能讓對方感到自在舒適。與人交往時所表現的外向，並非是本性的表現，而是基於一種禮貌與貼心。

總之，打開開關之後，我就會變成另外一個人。不太會覺得緊張，不會刻意逼自己笑，對話也會自然地延續下去不中斷。年輕時絕對辦不到的事情（先跟陌生人搭話，或是先跟相處起來有點尷尬的人聯絡），在這個狀態下也都能完成。

不光是我，內向者在大多數需要外向的場合，也都會打開這個開關。有些人的社會化開關可能運作得很好，身邊的人甚至會誤以為他就是一個外向的人。像我這樣的人，即使身邊有人也會視情況解除社會化的狀態，但有一部分的內向者就是必須完全獨處時，才能把開關關掉，變回最原始的樣子。

在外面的世界維持「外向模式ＯＮ」的狀態，回到家之後關掉開關的我，就會變成一灘爛泥。即使那天是跟不錯的人共度美好的時光，還是會筋疲力盡，其實應該說越愉快就越會這樣。我有時候會覺得，自己就像按下了「兩倍速」按鈕的掃地機器人一樣，雖然會快速轉動，但也很快沒電。遇到這種日子，就連在家我也不太會跟家人說話，會像死掉一樣整個人躺著休息。只需要做自己的事情時，下午我還可以做其他的工作，但要是跟別人見面，就會累到完全沒辦法再去管工作的事。從這點來看，把社會化的開關打開，好像確實會消耗更多能量。

是因為這樣嗎？我總覺得上班族常有的聚餐、下班之後的業務聯繫等等，其實是一種暴力，因為這些都是會讓社會化開關過載的事情。

以前只要注意到有內向者開啟社會化開關，我都會覺得他們很可憐，但現在反而會經常想恭喜這些人，可以自由開啟或關閉這個模式，這是必須不斷鼓起勇氣違背本性，才能夠獲得的獎盃。

回想起來，我大多都是在開啟社會化開關的狀態下，才接觸得到好人好事；在關閉的狀態下會浮現、發酵的想法，都要在開啟的狀態下才能夠真正實現。長大之後能夠掌握這個開關，真的是一件好事，但也希望像我這樣的人，可以不要太過遠離真正的自己。

超級內向的我，在只有幾個朋友的聚會上雖然可以非常融入，但如果中途突然失去動力，就會毫不猶豫地離開現場。

「她就是不會留到最後。」

雖然這麼做就得承受這類的批評，但我不會去在乎這類的發言，我認為這是一種保護自己的方法，我必須努力學習讓自己習慣。

偶爾會有不知道自己已經耗盡電力，還一直流連忘返的時候，那是因為我不想讓大家知道我打開社會化開關的事情。之所以害怕讓人知道這件事，反而不是覺得不好意思，而是會害怕跟我相處讓他們感到有壓力。畢竟換個立場思考，跟我在一起的這些人，要是知道我回家會自己一個人痛苦很久，心裡應該也不會覺得很舒服吧。

如果我的朋友讀到這篇文章，在他們開始避免跟我聯絡之前，我想要先說：就是有值得我承擔這一切的價值，所以我才會跟你們見面。

無論再怎麼喜歡獨處，或即使只能少數比較親近的人來往，還是必須要稍微跳脫自己的本性。

—安靜的外向者，吵鬧的內向者—

每次拐過人生的轉角時，都會遇到選擇的岔路。小到逢年過節的連假要不要出去旅行，大到要不要換工作，甚至是要不要跟正在交往的對象結婚等等。

知道自己的個性，代表的是在面臨這些選擇的瞬間，我們多了一個重要的參考指標。雖然我是因為想要寫文章，所以才開始當一個劇作家，但我越來越覺得比起團隊合作，我似乎更適合一個人工作。獨自工作的喜悅，很值得用讓演員與導演將我的創作，以具體方式呈現出來的迷人魅力來交換。

不知道從什麼時候開始，每當我面臨人生課題時，都會先衡量自己能否承擔，然後才做決定。因為知道，內向的我只能將有限的能量，分配給特定的事情。

但有些人只是討厭在大眾面前說話、討厭跟陌生人說話，就認為自己是內向者。其實外向者的個性也很多元，並不一定會展現出典型的外向特質。可能是覺得表現得太外向會給自己帶來損失，所以習慣小心翼翼，或是體力不好所以才總是窩在家裡。也因此，很多外向者其實被誤會為內向者。

意外地，面對大眾的態度其實和內外向沒有太大的關聯。站在舞台上，看起來無所畏懼的演藝人員，在直接與人面對面時，也經常會展現出無法好好說話的一面，所以我們實在很難以此為討論標準。或許我們應該把這些人，當成是具備藝術天分、展現出內向特質，但卻不得不打開社會化開關，站到舞台上去的藝術家才對。

開朗、吵鬧的人是外向者，陰沉、安靜的人是內向者的這種認知，其實是種誤會。受到態度與習慣影響的表達方式，是人配合環境或需求所做出的選擇，我覺得這樣才是比較正確的想法。如果世界上有人完全不怕生，很能夠跟新朋友互動但同時又能安靜、沉穩的話，那就會有喜歡獨處、善於思考，卻又能夠同時在與他人見面時變得吵鬧、善於社交的。

偶爾我們可以感受到，一個人依靠他的位階或是權力，毫無顧忌地展現自己最真實的個性。好幾個人聚在一起的時候，位階最高、最沒顧忌的那個人，會以完全未經修飾、最輕鬆自在的態度展現個人的內外向特質。不需要如履薄冰地擔心被人認為不懂人情世故，也不需要為了硬是搭腔而開口，更不需要因為擔心被人討厭，而把想說的話吞進肚子裡。

我們的個性，其實就像是漸層色相表，沒有明確的界線，同一個人可能同時是「比較社會化的內向者」跟「有點消極的外向者」。而表達個性的方式也非常多元，實在無法只用一種特質來完全涵蓋。

自己究竟屬於哪種特質，不該用常見的刻板印象當標準，而應該問問自己的心才對。

不知道從什麼時候開始，每當我面臨人生的課題時，我都會先衡量自己能否承擔，然後才做決定。因為我知道內向的我只能將有限的能量，分配給特定的事情。知道自己的個性，代表的是在面臨這種選擇的瞬間，我們多了一個重要的參考指標。

好羨慕外向的人

觀察跟我截然不同的外向者如何過生活，會發現他們的生活看起來很簡單。無論面對任何人，他們都能夠泰然自若地相處，很快適應新的環境，有該做的事情就會毫不猶豫地做完。無論面對什麼事情都拖拖拉拉的我，必須逼迫自己才有辦法完成很多事情，但這些事情對他們來說卻像喝水那樣容易。

「人的價值」若不透過行為表現出來，就毫無用處。所以能輕而易舉建立人際關係、完成工作的外向者，自然可以獲得比較多的機會。我頂多也就只能打開社會化開關，撐到體內那個老舊的電池電力耗盡為止。不管再怎麼想，都覺得讓世界得以運作的架構，絕對是以天生的外向者為中心所設計的。

但過了一段時間，開始習慣模仿外向者生活之後，我也開始漸漸注意到過去看不到的事物。

我曾經有過一戶鄰居，他們家有一個兩、三歲的可愛孩子。那個可愛的孩子不怕生，會跟著陌生人跑來跑去、對著陌生人笑，走到哪裡都很受歡迎。這孩子經常會跟住在隔壁的我玩，喜歡來我家玩勝過於在自己家。

因為我有一個面對非直系血親的大人就會放聲大哭、最近才好不容易能夠乖乖待在幼稚園的女兒，所以這樣的孩子真的讓我感到新奇又可愛。我已經很熟悉怕生的孩子，帶給新手父母的那種慌張與羞愧，所以真的很羨慕隔壁的鄰居。但相處之後才發現，這孩子的媽媽每次帶著小孩遇到鄰居時，總是看起來坐立難安。因為孩子真的太外向了，她很害怕孩子會隨意入侵別人的私領域。

深入了解後發現，孩子的母親也是天生的外向者。因為她的行為和口氣總是小心翼翼，所以我私下猜測她可能是個內向者，但事實並非如此。

她也是從小就人緣很好，她的父母親也總是教導她不要隨便跑進別人家裡，長大之後她也是這樣教導自己的女兒。

我記得她每天都會對著那個還不太會說話的孩子，不斷重複地說：

「只有在別人同意時才能跟人家說話喔，只有在別人同意的時候才能去人家家裡，只有在別人同意的時候……」

這對在全都是內向者環境下長大的我來說，是一種前所未見的教育方式。就算有人拉著我要我過去也絕對不就範，這難道不是人類的基本常識嗎？沒想到居然還有必須要用這種方式來教的人存在啊！

內向者與外向者，這兩種人的社會化方式，是朝完全相反的方向前進。內向者的社會化，是要將緊閉的門扉上頭的鎖打開；外向者的社會化，則是一個替門上鎖的過程。

外向者並不會對別人進入自己的私人領域一事感到困擾，所以不太能透過直覺感受到自己對他人的干涉超出一定的範圍。如果不透過學習和經驗，學習掌握界線的位置在哪裡，反而會給人沒禮貌的印象，進而遭到社會的排斥。

當我們必須鼓起五次勇氣才能和別人說話時，他們也必須要思考「這樣跟別人搭話會不會太沒禮貌」，忍下五次搭話的衝動。所謂的社會化，或許就是讓外向者變成內向者，內向者漸漸變得像外向者的過程。這麼說起來，或許在「了解如何在社會上受歡迎」這件事情上，並沒有任何一方特別有利。

外向者的生活和內向者一樣辛苦，在成就的領域也是一樣。思考模式偏向發散而非收斂的外向者，靠著直覺來掌握特定現象的能力相對較差。而且對話的時候，他們也很難去傾聽別人說話。所以他們很少在去體驗某些事情之前，事先預習或是知道該如何因應。也就是說，雖然有可以執行計畫的基礎，但成功率卻不高。這也使得外向者不得不透過更多經驗、更多嘗試，將更多無法靠個人直覺掌握的成功元素變成自己的資產。也因此不付諸實行的外向者，他們所過的生活品質可能比同等條件的內向者更低。

或許是因為這樣，當外向者完成某件事情的時候，他們可能是發揮了一般人無法模仿的執行力才完成的。對成功的內向者來說，執行力是一種基本能力，但外向者跟內向者在發揮這種能力的分量和規模上截然不同。

本以為是拿著人生高速公路免過路費通行券出生的外向者，從來不知道他們必須只靠那張通行券奔馳在這條唯一的高速公路上。仔細想想，對他們實在沒什麼好羨慕的，畢竟他們其實就跟我一樣，是個寄生在這地球上的人罷了。

我經常會有這種感覺，沒有人的人生是輕鬆的。

當內向者必須鼓起五次勇氣才能和別人說話時，外向者也必須要思考「這樣跟別人搭話會不會太沒禮貌」，忍下五次搭話的衝動。所謂的社會化，或許就是讓外向者變成內向者，內向者漸漸變得像外向者的過程。

內向的人都很「熱情」嗎？

不知從什麼時候開始，我們開始會將人分成「話題人物」或「邊緣人」兩種。「話題人物」就是「insider」，指的是那些跟團體相處融洽的人，而「邊緣人」則是「outsider」，是相反的意思。通常會被形容為很社會化的外向者，自然而然就成為「話題人物」，不那麼社會化的內向者則經常跟「邊緣人」畫上等號。從這點來看，內向者似乎被當成是這個世界的二等公民。

我是個在座標上非常趨近於極端內向的內向者，仔細檢視我的生活，會發現我會以幾年為週期，在「話題人物」與「邊緣人」之間交替。即使是在某一個週期裡面，也會在不同的場合是「話題人物」，在另一個場合變成「邊緣人」。不光是我，我觀察了很多個聚會跟團體，經常可以發現裡面的「話題人物」其實不是外向者。

「話題人物」與「邊緣人」和個性內向還是外向，並沒有明確的關聯性，這也與我們的刻板印象不同。

人與人之間的引力，並不只會發生在特定人士，或是在跟人相處時內心比較不會產生抗拒感的人身上。無論是哪一種形式，只要可以帶給團體利益，或是可能有利於團體的人，就會成為「話題人物」，那樣的利益可能是樂趣、親切感、擅長做事的能力或是財力。

在人生的很多時刻都是「邊緣人」的我，總是會被自己沒有魅力這一點所困擾，這讓我感到非常痛苦。我是一個不擅長付出，更習慣獨處的人。雖然我很孤單，但又不想接受自己變成「話題人物」；雖然不想自己一個人，但即使自己隸屬於某個群體，卻也不願意把那少得可憐的能量全部投注在團體中。這也是為什麼很容易耗盡電力，所以總是下意識地珍惜這些精力的內向者，比較容易成為「邊緣人」的原因。

但如果處在一個讓我們明白自己為何要投注精力於此的群體當中，事情就截然不同了。

如果這個人有願意付出的想法與資源，他在團體內的行為和發言就會更放得開。即使是超級內向的內向者，在那樣的團體裡面，也會比較能夠自由發表意見，甚至還能開玩笑，也可以更大方地跟團體成員拉近距離，而這也跟「話題人物」的生活其實差不多。古人說王侯將相，寧有種乎？其實不只是王侯將相沒有天生比較高貴，「話題人物」也沒有什麼特別之處。

其實在韓國這個地方，即使是外向者也很難變成「話題人物」。韓語背後的含意，遠超過字面上所代表的意思，是屬於「高情境文化」的語言。在高情境文化的韓國，「肚子餓了」這句話的意思，可以依照情況解釋為「請我吃飯」「跟我一起吃飯」，甚至可以是「我想回家，送我回家」的意思。但像是在低情境文化的德國，這句話的意思就只是「肚子餓了」而已。

在高情境文化圈，想在團體裡面有些積極的作為時，脈絡就非常重要。在團體裡，必須在合適的時間點、配合適當的情緒，做出顯眼的行為，這樣才會受到眾人的歡呼。如果沒有掌握好群眾的情緒，不小心跨得太大步，就會被批評是太過「放肆」，很容易被排擠。「安分守己，至少不會被當作傻瓜」就是這個意思。

對安靜且善於掌握、解讀這些隱形脈絡的內向者來說，這樣的社會反而比較有利，這也是為什麼外向者並不見得會是「話題人物」的原因。

就像地球繞著太陽公轉一樣，我們的人生也是按照一定的週期，有時候會靠近中心，有時候則會遠離中心。只要專注在自己身上，就會隨著與周遭環境的配合，自然成為「話題人物」或「邊緣人」。我們可以在一個團體裡面覺得自己有存在感，但即使成為可有可無，非常自由的邊緣人也不必太在乎。無論是「話題人物」還是「邊緣人」，都不需要覺得高人或低人一等，只要交給人生的週期就好，大家同意嗎？

內向者的共同疑問

Q

在團體裡總感覺格格不入，雖然跟團體裡的人各自相處得很好，但奇怪的是大家聚在一起的時候，就只有我一個人像「孤島」一樣，很難加入團體的對話，是因為我比較內向的關係嗎？

A

內向者在團體內，常常會遇到溝通困難的問題。一對一聊天跟很多人一起聊天其實不太一樣。一對一聊天時，就算只擅長傾聽，雙方也可以進行滿意的對話，因為只有一個對象，當自己說話的時候一定可以獲得某種程度的回應。

但是人數一多，狀況就不太一樣了。為了獲得發言權，自己必須變得更加積極。人一多，整個團體就變得像一群聽眾，內向者會更在意聽者的反應，所以當然會更加畏縮。

其實傾聽能力較強的內向者，在跟人單獨見面的時候會成為很有魅力的人。如果有比較親近的人，那就盡量單獨見面，一定要一群人一起見面時，也不要太努力想要說話，只要做出適當的反應展現出存在感就好。內向者有時候會成為團體的中心，說比較多話，但遇到這種情況，也會讓內向者後悔自己太過顯眼。

一內向者的天敵，惹人愛但很壞的外向者一

曾經有段時間，我認為自己好像跟外向者合不太來。每當跟不管在什麼地方，都能受到注目、跟人順利交流的他們在一起，我就會覺得自己像被籠罩在對方的陰影之下。我雖然不曾覺得自己的內向個性是人生的絆腳石，但跟他們在一起的時候，就會產生類似低人一等的不悅感。我討厭有這種感受的自己，所以也就是加倍辛苦了。重複幾次這種經驗之後，我的結論是不要跟外向者來往比較好。

但隨著時間拉長，我意識到當初的想法是錯的，不是我跟外向者不合，而是當時跟我來往的外向者並不是好人。

在個性好的外向者身邊，不會讓人感到疏離。那樣的外向，反而可以讓安靜的人舒適地走到陽光下，並在必要的時候展現自己的存在感。

後來才發現在一起的時候把我變成陪襯、讓人感覺到莫名羞愧的外向者，大多都是有問題的人。這些人因為內心的缺陷，所以想要獨占他人的關注，假裝不知道身邊一些小心翼翼的人正感到害怕、退縮。

這些人其實是假裝開朗的外向者，他們會給自己造成最大的傷害。

這無關內外向的表現問題，所以無法成為判別一個人好壞的標準。不過我們比較少有機會接觸到壞的外向者，他們對別人的控制力也比較弱，所以想要的話還是避得開，但外向者那種想要跟任何人都相處得很好，給人良好第一印象的惡意非常微妙，實在很難在受傷之前察覺。

在這些人身邊，會讓我們感到不愉快，同時也會讓人產生罪惡感、覺得混亂。

大家都認為他是個好人，好像只有我覺得不舒服，錯似乎都在我身上，感覺就像小說或連續劇裡面，嫉妒善良主角的壞配角一樣。如果跟這樣的人長期往來，我們會變得殘破不堪，即使離開了那段關係，狀態也會恢復得很慢。

但時間一久，就會知道不是只有自己有這種感覺。那些回應他、跟他一起笑的人，其實也正在經歷彷彿被孤立的痛苦。最後，幾個終於察覺這段關係有問題的人，會一一離開這段關係。

所以在這一類的壞外向者身邊，不會有「維持很久的親近關係」。認識很久的人不會跟他走太近，走很近的人只是因為還沒有受害而已。雖然看起來好像身邊總是圍繞著很多人，但其實他身邊一個人也沒有。

我覺得自己經歷很多關係、做了很多觀察與思考，但至今仍無法一眼就分辨外向者的好壞。所以跟某人見完面回家時，如果覺得哪裡不舒服，我會遠離那個人一段時間。如果現實上無法這麼做，那就會在心理上拉出一段距離。

這樣一來就可以了解到，這種情緒究竟是源自於自己還是對方。

因為自己喜歡而經營的關係，與自己被用盡各種方法拉進去的關係是不一樣的。因為對方太有魅力，所以即便自己內心覺得有點壓力，但還是想要積極經營，而因為無法拒絕才延續的關係，總是會成為我生命中的負擔。

雖然我特別敏銳，卻總是忘記自己感受到的情緒其實都有原因。這個世界總是比較歡迎世故圓融的人，而我希望可以成為適合這個世界的人。但我也知道這樣一來，被困在心中的情緒便會慢慢啃食我。

對自己的信任，將這種模糊的情緒與現實連接在一起。而那也成了當暗藏心機的人跨過內心防線時，我得以保護自己的力量。

不好的外向者會週期性地出現在我的生活中，每次都帶給我慘痛的教訓，讓我知道我的感覺總是對的，現在可以相信自己了。

—那個敏感的人是內向的人嗎？—

內向與敏感無法完全畫上等號，但兩者有很深的關聯。或許是因為這樣，在團體裡特別敏感的人，經常會被誤認為是內向者，也有很多人對敏感這樣的特質抱持負面想法。但內向者的敏感氣質，通常和我們所定義的敏感不太一樣。

我認識的人當中，有一個無論到哪裡吃什麼東西，都不太會稱讚食物好吃的人，有時候他會大剌剌地說東西難吃，有時候則會默默皺起眉頭放下餐具。認識他的這幾年，在跟他一起吃飯的時候，我只聽過一次他稱讚東西好吃。包括我在內的每個人，都認為他的味覺很敏銳，應該是個美食愛好者。

所以跟他吃飯的時候，會盡量努力去找評價很好的美味餐廳。

但時間一久，更深入認識他之後，才發現我們真的錯得離譜。後來才知道，他不是味覺敏銳，其實根本只是一個嚴重偏食的人。只要是自己喜歡的食物，就算味道很糟糕他還是照吃不誤，他的敏感其實只是毫不猶豫地表現出個人的喜好罷了。

很多時候，我們都會把難搞和敏感給搞混。內向者大多都很敏感，所以我們會覺得跟內向者相處很麻煩。但諷刺的是，實際在相處的時候，忍耐的大多都是內向者。雖然內向者無法輕易拉近與人的距離，但拉近距離之後，相處就不會遇到任何困難，可以變得非常親近。

「表達」會耗費能量。

個性敏感，跟把敏感的個性表現出來，是兩件完全不同的事情。內向者無法承擔自己對他人表達不滿時所產生的壓力，而且他們也會注意到正在表達這種不滿的自己，並對自己施加壓力。所以因為個性敏感而感受到的事物，大多都只會以一種刺激留在他們心中。

感受，然後遺忘。

我曾經在生日的時候，跟先生一起去了壽司店。那是一間廚師現場製作壽司，端給客人吃並搭配料理介紹的店。店內的安排是十位客人以廚師為中心坐成一圈，與自己的朋友聊天，靜靜地用餐。

突然間，一位中年男子很大聲地跟廚師搭話，打破了這份寂靜。他開始講述自己對魚的知識，越說聲音越大，廚師則礙於他是客人而無法反駁。跟他一起來的妻子和女兒，好像已經很習慣這種情況了，完全不搭任何一句話，只是自顧自地動筷子。

因為這噪音，我跟先生的對話變得有些困難，也聽不太清楚廚師的介紹，這使我內心情緒翻騰。最後我只好當場對那位中年男子提出抗議，但後來我能夠安靜、放心地用餐嗎？

跟豪放的外表不同，我拿著筷子的手一直在發抖，心臟也跳個不停，完全感覺不到放進嘴裡的壽司是什麼滋味。

不是因為害怕被注意的當事人可能會報復我，也不是想要聽別人批判他，就只是沒有順著他人的情緒說出相應的話，這樣的行為讓我感到很痛苦，在跟其他人起衝突之前，我心裡就已經天人交戰了。

難以承受這種事情的內向者，就是因為這樣才會忍耐，或是對他人的事情變得麻痺。如果外向者與內向者變成好友，其中比較愛吐苦水、比較常生氣的，很有可能是外向者。而內向者如果意識到對方已經超過自己可容忍的範圍，很可能會在瞬間就轉身離去。站在對方的立場來看，或許會覺得這是「某天突然發生的改變」，但其實這只是因為個性寬厚而選擇包容，那些累積起來的不滿達到極限而已。

不過隨著社會歷練的增加，我們漸漸會與自己的天性保持距離，對外表現出比較敏銳特質。外向者會更注意到他人的想法，克制自己的表達；內向者則會訓練自己，在有必要的時候表達自我。

所以當人到了一定的社會年齡之後，敏感就不再是個性究竟內向還是外向的問題了。如果對方已經是個非常成熟的大人，但看在他人眼裡卻覺得他個性非常敏感的話，並不代表對方本來就是這種人，而是他「決定成為一個敏感的人」。

如果想要讓自己能夠做出這種決定，就必須要有足夠的心理準備，承受隨之而來的反作用力，也必須要有足夠的力量，支付相應的代價給周遭承受這份敏感的人。內向者不太能夠承受這種壓力，也無力付出相應的代價，所以只能繼續寬容下去。並不是故意要這麼做的，而是我的中樞神經在不知不覺間，引導我走向這樣的人生態度。

雖然這樣的個性，會讓內向者在早期活得非常辛苦，但過了某個時期之後，就會知道這樣的個性有利於自己成為更棒的大人。無知就是這樣，沒有好也沒有壞。

內向者大多都很敏感，所以我們會覺得跟內向者相處很麻煩。但諷刺的是，實際在相處的時候，忍耐的大多都是內向者。雖然無法輕易地拉近距離，但拉近距離之後就不會遇到任何困難，可以變得非常親近。

Chapter 2

嗶——轉換為社會化模式中

——外向者普遍存在於這個世界嗎？——

翻看相簿，發現幾乎沒有跟小女兒一起拍的正常全家福。照片裡的女兒，要不是把臉遮住，就是緊閉著眼睛。雖然是出去旅行時全家人一起拍的紀念照，但可能是因為幫忙拍的人大多是陌生人，所以才會這樣。

女兒在五、六歲的時候，只要遇到讓她覺得不自在的人就會裝睡，甚至會站著睡！就像天敵出現，就會自動四腳朝天裝死的瓢蟲一樣。每次帶著女兒跟別人見面，我都會覺得丟臉、困擾。只有我們家人在的時候這孩子都很聽話，為什麼到了外面就變成這樣，真的讓人無法理解。

某天，我們全家人一起去參加一個活動。主持人透過麥克風，宣布夫妻一同參加就可以獲得商品的消息，接著我和老公就發現，我們同時退到人群的最後方。

兩個人好像一起瞬間移動了一樣，怕有人把我們推到舞台上去，所以先逃走了。看到這個景象，我終於明白女兒這麼內向的個性究竟是從何而來，就是我們遺傳給她的。

我曾經看過一個研究，說韓國人有百分之八十都是內向者。雖然有一些程度上的差異，但這個結果代表很多人其實在別人的認知當中，是被歸類為內向者的。雖說如此，我們還是把外向的個性當成標準，把「人就應該要變成那樣子」掛在嘴邊，彷彿已經遺忘，在熟悉如何打開社會化的開關之前，那段以原本最真實的個性生活的時光。

外向者的個性就是向外發散的，所以只要不是「獨自一個人」，任何情況都能讓他們感到自在。他們很能適應陌生的環境，也很能跟人相處，跟左右人類生存的外在環境有著緊密的連結。所以才會認為無法把這些事情視為理所當然，並總是為此感到困擾的內向者，是需要矯正的不完美存在。

內向者確實不能繼續維持自己小時候的個性（試著想像只要看到陌生人就會

假裝睡著的三十歲大人吧），但是外向者也必須在社會化的過程中，稍微跳脫自己原本的個性。因為不懂得必要時適當遮掩自己鋒芒的人，會讓別人覺得很不舒服。

與其認為內向這種個性應該要改，或者是認為內向就是比較不好，我反而希望大家可以轉換一下角度，把習慣在必要時打開社會化開關這件事當成一種禮貌。

也希望大家可以了解，內向者打開社會化開關的時間有多久，就需要多長的休息時間。大家都覺得可以跟人打成一片、喜歡和人來往的外向者是正常的，但卻要求即使跟喜歡的人在一起，也會想要趕快回家的內向者，解釋他們自己的個性與行為（當然，這句話的意思不是內向者有辦法自己解釋自己的個性）。

把外向當成是普世價值，強迫所有人都必須假裝外向，是一種社會暴力。

希望大家能夠直接承認這就是一種個性的類別，並且能夠依照自己原本的個性去生活。如果無法理解，那就乾脆別去干涉。

希望大家可以轉換一下角度，把習慣
在必要時打開社會化開關這件事當成
一種禮貌。

要來參加西式派對嗎？

有個朋友邀請我去參加開業儀式，因為他的辦公室從籌備到開張我都有參與，所以我覺得自己無法推辭。但因為沒有其他認識的人會參加，我得自己一個人出席，這讓我有點猶豫，不過我還是準備了禮物，前去他告訴我的地點。

準時推開辦公室的門，我嚇了一大跳。跟印象中有剪綵、拜拜等環節的開業儀式不同，眼前的景象令我感到非常陌生。喇叭播放著夜店那種節奏感很強的音樂，桌子全部被清空，人們在空曠的辦公室裡，手拿著食物三三兩兩地聚在一起談話。

正當我呆站在那裡，努力想要理解自己究竟看到什麼的時候，才想起這位邀請我來的朋友，是一個在國外生活很長一段時間，剛搬回韓國沒有多久的人。

我了解到，這就是外國連續劇裡會看到的西式派對，這也讓我更感到尷尬。

現在我該做什麼才好？

對，我得先找到邀請我來的朋友。我就像在這如茫茫大海般的派對中，迷失方向的孤兒一樣，他肯定會引導我的。

但不知為什麼，我看到眼睛都要脫窗了，還是找不到派對的主人。房間裡擠滿了正在聊天的陌生人，我獨自徘徊了好一陣子才終於找到他。我好像睽違二十年見到失散的家人一樣，開心地靠過去恭喜他，然後把禮物交給他。他開心地笑著，跟我聊了幾句之後，又突然介紹身旁的人給我認識。那些人是跟他一起工作的人，跟我沒有什麼關聯，也沒有共通之處。

「啊……是，你好……」

「我是『某某某』。」

「原來如此……」

就這樣說了幾句話之後，這位主角就請我們繼續聊便消失了，接著就是一股難以言喻的尷尬瀰漫開來。

他們已經非常熟稔，如果我加入會讓他們無法順利對話，所以我便保持沉默，如果我忍不住問了沒意義的問題，對方就會簡短地回答，並簡單聊個幾句，就這樣而已。雖然在主辦人的推薦之下拿了個小點心，但我卻完全沒有食慾。

對內向的我來說，這個狀況是我人生中最茫然的情況前五名。

這個派對的矛盾之處，就是這是一個參與者全都是韓國人的西式派對。受邀出席的人都跟一起來的人聚在一起，像銅牆鐵壁一樣固守著自己的位置，只有遇到其他認識的人，才會離開原本的位置。我想，感到尷尬的應該不是只有我一個人。

對韓國人來說，派對比較不是認識新朋友的場所，而是認識的人一起玩的活動。應該是坐在固定的位子上，跟坐在附近的人聊天、拉近距離，很少會到處走動去找陌生人搭話。

比起跟和我同類型的人一起，我想跟個性截然不同的人一起出席，應該會覺得比較自在吧。

舉例來說，如果是跟善於社交的美國人一起參加派對，我或許會眨眼之間就按下社會化開關。這樣或許就不需要踩煞車，可以想也不想地站出去，跟別人介紹給我的團體拉近距離。因為至少有個地方，可以接受已經按下社會化開關的我。

但我完全不知道這是一個「害羞的韓國人參加的美式派對」，就這樣沒頭沒腦地自己一個人闖進來，根本是個束手無策的不速之客。

最後我決定，與其像根木頭一樣在那裡硬撐，不如盡快離開比較有禮貌。所以我就簡單地用眼神打個招呼，然後自己離開了，接著他們才以放心的神情開始繼續交談。

離開那個團體的我，陷入了短暫的沉思。

從現在起，我該做什麼才好？

我又變回一個人，不管再怎麼努力，都找不到認識的人。既然都來了，還是想要跟把我推入這個火坑的朋友見個面再走，但我好像也沒辦法撐到他們出現。

而且我很餓。一股乾脆自己一個人被困在沙漠裡，都好過這種情況的心情將我淹沒。

「好，逃走吧。」

下定決心的我立刻走到外面，招了一輛計程車。坐在返家的計程車後座上，我全身感受到一股難以言喻的安穩。這時我看了一下時間，真是讓我嚇了一跳！剛才那段時間好像永遠一樣長，但其實我停留的時間甚至不到十五分鐘。

經過這次經驗之後，我得到幾個教訓：

可以參加傳統宴會，但還是避開美式派對。

如果一定要出席，那就要找一個可以一直陪在身邊的人同行。

然後，乾脆接受我就是這樣的人。

把外向當成是普世價值，強迫所有人都必須假裝外向，是一種社會暴力。

也希望大家可以了解，內向者打開社會化開關的時間有多久，就需要多長的休息時間。

聚會，四個人就是極限

我每天出門走路運動的路上，有很多酒館跟烤肉店。太陽下山後，我一個人揮汗走路的同時，還必須要承受調味烤肉的味道，以及讓人感到不好意思的酒席對話。那些從外面看過去感覺十分歡樂的燈光底下，人們三三兩兩地像在衝浪一樣碰著彼此的酒杯，嘻嘻哈哈地笑著。有時候是聚餐的上班族，有時候是剛開學的大學生。羨慕這股活力的我，會暫時停下腳步來望著他們，接著會想像自己成為他們的一分子。

緊接著下一刻，我就會想「這樣不對」，然後低下頭邁開步伐繼續走我的路。一群人湊在一起那種和樂融融的氣氛只要憧憬就好，就算只是假裝想像一下自己置身其中，都會讓人瞬間變得很累。

內向者喜歡跟熟人見面，但如果可以一對一見面，專心聽彼此說話、交流會更好。喜歡邀請坐在對面的人進入我的世界，而我也走進對方的世界，去體驗另一種人生。

如果有一、兩個其他人也沒關係，但參與的人越多，該聚會在我心中的優點就會被稀釋，並開始感到疲勞。

我覺得，包括我在內總共四個人的聚會最適合聊天。超過這個人數，就會有人無法專注在同一個話題上，或是會開始分組聊天。這樣一來整個氣氛就會變得很雜亂，不管加入哪一群人，都無法好好聊天。

更尷尬的是坐在兩群人中間的時候，雖然在跟這邊的人聊天，卻會一直去注意旁邊那一群人的對話內容。雖然就坐在隔壁，但一直去聽旁邊那群人說話，會讓我覺得有點不自在。所以如果想加入旁邊的對話時，就會因為不知道他們在說什麼，而必須安靜聽上一陣子才能插話。

這樣一來，會發現自己根本無法完全參與兩邊的對話，只能帶著勉強的微笑看看這邊，再看看那邊。當聚會的成員都是比較陌生或是沒那麼好相處的人時，我就會變成這個樣子，且想盡快逃離現場。

對能夠本能地察覺他人心情的內向者來說，同時要跟不同的人產生互動是很辛苦的。會擔心自己說話時是不是獨占了發言權，如果現場太安靜，就會擔心是不是氣氛突然冷掉了。如果有人一直沒參與對話，就會默默擔心對方好像被排擠，即使沒有做出一些比較體貼他人的行為，也會自己一個人想很多。偶爾在這樣的場合，現場沒有外向者，而自己又必須一口氣跟一大堆人交流的話，我就會不幸地（？）在不知不覺間扮演起這個角色，當天我會責怪自己太放肆，同時也會感到疲憊不堪。

同時跟很多人相處會讓我覺得很累，也會覺得那段時間很沒意義，在這樣的場合對話大多比較膚淺。

沒有針對彼此的深入談話，而是討論別人，或是說一些比較無謂的資訊、玩笑等等。回家的路上完全不會對今天的對話有任何印象，那就只是為了對話而對話。

最重要的是，人跟人之間的相互作用，對內向者來說是很大的刺激，而同時從很多個方向產生相互作用，當然會使內向者的生物電池電量急速耗盡。

我曾經有在跟陌生人你來我往的聚會上，假裝自己成熟懂事，但回家路上又決定以後不要再出席這種場合的經驗，這無謂的聚會只會讓人感到心靈空虛。所以我就打電話給比較要好的朋友講了好久，然後才帶著好像有獲得補償的心情掛斷電話，接著又看著手機螢幕上朋友的名字，開始思考某些事情。想著想著，才發現第一次跟這位朋友見面，也是在這種讓人感到不自在的場合。

當生活的環境與我的想法改變時，我身邊的人就會慢慢被汰換掉。如果我把注意力放在少數已經變得很親近的人身上，接著就會跟那些覺得已經合不來的人斷絕關係，或是想要獨處。

經過這件事之後，偶爾被邀請到這樣的場合，我有時會欣然接受，帶著那對我來說可能是個永遠都感到陌生的世界，但還是可以懷著稍微把通往那裡的門打開的心情去面對。

——與人來往，數量不多但想深入交往——

我讀了自己十六歲寫的日記，一邊讀一邊覺得當時生活圈超小的我，還真是有些亂七八糟的煩惱，但另一方面也有一些讓我特別在意的部分。日記中的我，曾以聖誕節為藉口，對著自己根本不覺得存在於這世界上的聖誕老人，許了一大堆願望。願望長到寫滿一整面，但內容其實都在講同一件事，那就是希望能交到一個真正的朋友。

我當時不是沒朋友，也不曾因為太內向而完全沒朋友，我會跟比較能相處的人來往，但那樣的關係好像也不符合我的天性。

我想要有一個彼此之間沒有祕密，包容、理解我這個人的存在，在各方面都跟我很合的朋友，希望有一個友情能夠維持到永遠的朋友。但到了這個年紀，我覺得這種想法可能比希望有位帥氣的王子，騎著白馬出現還要更沒良心。

其實在小說或連續劇裡面，真正最超現實的並不是把人生交付給不起眼女主角的完美男主角，而是主角的朋友。主角的朋友大多都是從小就跟主角認識，無論在什麼情況下都陪伴主角共同面對，可以很快理解主角的狀況，兩人的關係完全建立在信賴上，幾乎不可能產生誤會，就算有誤會也會很快解開。礙於篇幅的關係，故事無法去描述朋友這個角色的複雜心理，所以才會出現這種情況，但身為觀眾的我們，卻在下意識中認為朋友就應該要是這樣子的存在。

內向者喜歡的人際關係，就跟浪漫愛情喜劇中主角的朋友一樣，只跟幾個人有聯絡，交友圈不大但關係卻很深入。不喜歡跟陌生人見面，也不覺得有必要去維繫不太親近、不太會說內心話的膚淺關係。只跟最親近的幾個人保持聯絡，希望這段友誼具排他性，只能自己獨享，人物關係圖不能太複雜，這樣才適合一對一來往。

像有許多不同個性的朋友出場的成長連續劇，絕對不是內向者會偏好的友誼模式。內向者雖然會憧憬看起來很有趣的交友圈，但只要身在其中，還是會創造能讓自己更專注投入的人際關係。

外向者可以同時跟很多人維持關係，是因為他們並不期待這段關係能夠長久且深入。雖然他們似乎能輕易敞開心門，也可以毫無保留地接近他人，但他們並不想深入對方的世界。他們只把重點放在跟人來往時所共享的時光，並滿足於這樣淺嘗則止的關係。所以遇到希望關係能夠更進一步的人，要求他們也必須付出同等程度的心力，想要獨占這段關係的時候，外向者就會感到慌張不已。

隨著時間的過去，我發現無論是屬於哪一種人，太過執著於自己天生的個性，不願意做出一些妥協，都不是成熟大人該有的行為。

進化心理學提到，友情是代替忙於生計的父母，在同齡的群體之間發展出來的東西。青春期之所以會覺得朋友跟生命一樣重要，就是因為這確實左右了我們在遙遠的未來能否存活下來。

換句話說，過度執著朋友關係，其實也代表內心還無法離開幼年期的意思。無論是依舊對深刻的人際關係非常執著，還是會投注太多時間跟眾多的他人往來，都表示內心還沒長大。當關係無法變得像大人那樣成熟的時候，有些人會乾脆放棄，切斷所有已經熟悉的人際關係，整個重新來過。

當我不再是一個內向的十五歲少女，人際關係開始往外擴張的同時，即使不再依靠當年對聖誕老人許下的願望，我也能夠透過關係享受自己想要擁有的事物，其實就只是跨出一步，走到那條線之外而已。

如果來往的人很少、接觸的世界太過狹窄，那就會對身邊有限人際關係的動向過於敏感，一點小事也會讓你感到難過，稍微的疏忽也會令你坐立難安。雖然應該要配合狀況來改變自己的活動範圍，但稍一不小心就會跟朋友形同陌路的思維，實在無益於我們建立良好的人際關係。

試著換個想法，去接受即使無法認同對方的一切，但只要跟對方在一起的時候開心就好的態度吧。

這麼一來你會發現，即使是和自己個性截然不同的外向者，也可以成為很不錯的朋友。你會發現他們雖然不是你的同類，卻能屢屢帶給你驚奇。他們不斷朝外界散發的那股能量，偶爾也會推著我前往大海的另一端去旅行呢。

如果遇到人際關係的課題時，那就回去想想過去自己學到的東西吧。
千萬不要忘記，優先順序應該是我、家人，接下來才是朋友。
你雖然敞開心胸，但對方允許你了解他到哪裡，你就只能深入到那裡。
千萬不要硬是邀請別人走進你的人生。
不要只依靠過度親密的一、兩段關係。
不要期待對方對你付出太多。
人生原本就是孤單的。

內向者在思考人際關係時，會對自己提出這些問題：

・認識很久就是好的人際關係嗎？

・失去了認識很久的朋友，難道就代表我不是一個好人嗎？

・抱持著好感開始交流的人，就一定要成為朋友嗎？

・跟比較沒那麼要好的人維持一段膚淺的關係，就一定是沒有意義的事情嗎？

—喀噠，社會化開關壞掉了—

我參加了一個聚會，與會的大部分是陌生人。因為覺得只要主辦人好好照顧我，現在的我應該可以很快適應這種場合，所以沒想太多就答應出席了。

可是在那個必須要跟人交流、聊天的場合，我突然覺得陌生人好像更陌生，也完全不想要了解他們，開口說話這件事讓我感到很費力，只想要快點離開現場。

我發現自己的狀況不對勁，也感到慌張，內向的本性居然在這種場合跑出來，已經很久沒發生這種事了。

很容易對他人感到好奇的我，過去一直是以「打開開關」的狀態在人群之間穿梭，以這些關係的優點來補償自己，也因此我已經漸漸習慣按下社會化開關了。

不知不覺間，我已經準備好可以在必要的時候按下那個開關，只要有機會就能夠毫無問題地與他人交流。

但那天不管怎麼按，開關都沒有啟動，不知道是為什麼，總之我的社會化開關好像故障了。

掛著勉強的笑容結束當天的行程之後，回家路上我很嚴肅地思考，我的社會化開關為何會故障？好像是因為去年在別人的介紹下，跟幾個陌生人有交流，但那幾次的經驗都不太好，但也好像是因為那天有點感冒，身體感覺很疲憊。

如果是因為不好的經驗，那問題可就大了。因為這確實是創傷，我害怕這樣下去自己可能會永遠過著隱居生活。人生的經歷越多，就越不會發生無法按下社會化開關的問題，為什麼到了現在，才幼稚地無法好好當一個大人呢？

總之，在那個讓我直冒冷汗的聚會之後，我有好一陣子都避免出席沒有熟人，或是要面對不太好相處的人的場合。反而會刻意花時間，去跟即使是我的社會化開關壞掉，也可以接受我的朋友見面。

這段期間中，某次我跟一個朋友提起這件事，他靜靜地問我：

「妳最近是不是工作壓力很大？」

我很訝異話題跳得太快，同時也開始回想當時累積的工作。有三個很快就要截稿的案子，還有兩個要重新規劃內容的講座、活動，再加上我在計畫搬家，都是些距離截止日期很近，但都沒有什麼進展的事情，這也讓我覺得很煩。

「如果是工作壓力大，那什麼都會故障啦，看來妳故障的就是這個部分。」

聽完他這番話，不久之後我就發現，隨著事情一一解決，得以喘息之後，我遺失的社會化也平安地回到身邊。

人的意志力並不是江水，而比較像是井水，如果一次取走太多，很快就會見底，想要填補那些取走的部分，就要花時間去等待。對內向者來說，意志力耗盡時，最先停擺的領域就是社會化。

因為這是最耗費活力的工廠，所以如果突然覺得不想跟人見面，那很有可能是意志力倉庫已經空了。這時候不要對自己失望，也不要硬是擠出社會化額度來使用，靜靜地等著自己的意志力與能量恢復比較好。

喀噠、喀噠、喀噠……如果太用力地去按故障的開關，這開關很有可能會永遠無法使用。

內向者的共同疑問

Q

我原本很內向，一直以來都假裝自己很活潑、開朗。也因此身邊有很多朋友，但偶爾我懶得「假裝」，想要自己一個人靜靜待著的時候，大家就會不斷問我怎麼了。要一一解釋也有點麻煩……外向的人難道不會有突然不想說話的時候嗎？

A

其實外向的人，也會有想要鑽進「洞窟」裡的時候。只是他們的臨界值比內向者高許多而已（雖然有些人的臨界值並沒有很高，但對內向者來說，看起來就像無限大）。其實只要是很熟的朋友，就會發現並理解內向者關掉社會化開關，想要鑽進洞窟裡休息的活動模式。

但第一次看到這種情況，或是不太能理解內向者的人，就會擔心地來確認我們的安危。我們會一方面覺得自己不被理解有點煩，但另一方面也會覺得身邊有人會擔心自己，真的是很令人感動的事情。

所以我平常會很明白地提前跟身邊的人說，我現在要進入洞窟裡閉關了，像是告訴他們「我要是累了，會根本懶得開口，要讓喉嚨休息一下」，或是「我壓力一大，就必須睡一整個週末，所以打電話會聯絡不上我」之類的。如果還是有人問，我就會想「原來他覺得在這種時候，還是要問一下我的狀況，才是有禮貌的行為」，讓自己不要太在意這件事。

—我真的想成功嗎？—

「如果可以保證你像防彈少年團那樣在全球獲得巨大的成功，你願意現在成為偶像出道嗎？」

我跟一個朋友一起在看最近最火熱的偶像團體相關新聞，他突然問我這個問題。

感覺應該要秒答「怎麼會不願意？」但我實在沒辦法輕易說出口。老實說，我現在也還不太知道這個問題的答案。別說是我了，即使是我女兒已經到了可以作為偶像出道的年紀，我還是沒有一個明確的答案。

從小我就很害怕自己一個人出去拋頭露面，但只要有人硬把我推出去，我還是會接受。我確實擅長某些事情，也不討厭透過這些技能獲得認可，但卻不會心甘情願地這麼做。

這幾年來，雖然也漸漸了解到所謂的成功，就差不多是這個樣子，但我也越來越搞不清楚。

我真的渴望成功嗎？

隨著經驗的累積，我發現人生本身就是一種行銷。所謂的行銷，其實並沒有什麼特別。很多時候我會發現，並不只有藝人或銷售業務會需要展現個人長處。我們直覺能想到的像是透過社群帳號或是表演來行銷自己，但從廣義來看，與人交往、說服他人，也都屬於行銷的一環。

無論在哪個領域工作、擁有再了不起的能力，也都需要努力讓他人認識自己，否則就只會被埋沒。就像「錐處囊中，其末立見」這句話一樣，優秀的人很快就能夠凸顯自己，但不行銷自己就能夠成功，是只有全世界只占百分之零點一的天才，或是運氣好到可以中樂透的人才可能實現的事情。有著特定才能的人，除了開發那種才能之外，也必須花費相當的時間努力宣傳自己才行，這是我最近每天都透過生活驗證的理論。

所謂的成功，其實包括了自我行銷的努力，以及是否禁得起知名度帶來的副作用。而這對內向者來說，卻是非常令人不知所措的事情。

內向者的內心會是這樣的：

「希望我自己努力做出什麼東西，然後那個價值被大家看到，讓我自然而然獲得成功，也希望即使不用一直出現在大眾面前，那份成功也可以永遠持續下去。」

這樣寫出來，感覺就像是只想獲得好處的小偷心態，但其實大家心裡應該都有類似的欲望。只是個性越外向的人，就越不會抗拒自我行銷，也越可以承受這一切帶來的副作用。所以如果要抗拒感較大的內向者去行銷自己，那麼他對成功的欲望就應該要更強烈。

或許是因為這樣，雖然個性很內向，但開始積極地自我行銷、踏上成功之路的人，其內在都有非常強烈的動機。通常都是人生中的幾件大事，讓他非常渴望成功。那些看起來自然就獲得成功的知名人士，背後其實都有著強大到足以讓他違背本性的原因。

無論再內向的人，都會在那短暫的瞬間像是順水推舟一樣遺忘自己的本性。

之前我曾經短暫達到類似成功境界時，就是這樣子。當時人生中的重大事件如暴風般向我襲來，所有除了求生意志以外的自我都像被坦克輾壓一樣，完全感受不到任何抵抗。可能是因為現在的生活過得比當時好一些，所以對成功的欲望也沒有超越抗拒感。偶爾在凌晨驚醒時想到這件事，還是會覺得要帶著那些令人無法入睡的煩惱生活，真的是不可能的任務。

現在我知道自己眼中金光閃閃的獎盃不是成功的本質，也使我無法像年輕的時候輕易將對成功的見解說出口。可我也同時不會對無法成功的人生感到悲傷，更不會任意評斷他人的成敗。別人口中的成功並不代表人生的成功，只是讓人在每一次轉過生命的街角時，可以再次確認的生命課題而已。

如果我依然不是行銷我人生的業務，那很可能代表能讓我超越自我本質，變得如狼似虎的苦難尚未來臨。

我絲毫不想為了成功去期待艱困的苦難，但也不想要失敗，於是我決定從此不要再去想成功與失敗的事情。

我只做天性許可範圍內的事情，誠實地應對。如果獲得不錯的結果，我會認為是欲望驅使的成果並對此感到滿足。如果幸運獲得成功，我會感謝上天並承受隨之而來的副作用，這就是我的計畫。

內向者的野心

我從小身體就不好，雖然沒有一個明確的病因，但只要稍微勉強自己就會生病，所以無論面對任何事情，我都無法一次傾注所有的熱情。

為了過得像別人一樣，我必須更腳踏實地。無論讀書或是工作，哪怕只要有一點點進度等著我完成，我都會每天去做，避免臨時抱佛腳的情況發生。決定要每天走路一個小時當運動的時候，我也是先從每天走十分鐘開始，一點一點地增加時間，一直到可以走滿一個小時為止，總共花了三個月的時間。

去旅行時也是一樣，在幾個月前就先把機票買好，一點一點建立旅行計畫。雖然沒有旅行會照著計畫走，但還是要盡量做好準備，把體力的消耗降到最低，才能夠來趟像樣的旅行。

所以當愛情這種無法切成以天為單位的東西，如暴風雨般降臨的時候，就會讓我感到很辛苦。

到了現在這個可以適當分配精力的時候，才真正了解到愛情的優點。

不過還是經常會「想要成為什麼」，並想要為了那個目標而努力。會想要像為了夢想毫無保留地燃燒自我的小說主角一樣，度過帥氣的年輕歲月。但現實中的我卻弱不禁風，即便是面對自己喜歡的事情，仍然無法熬夜，狂熱的自我一直被困在這個孱弱的軀體中，就這樣活在這個世界上。

以前我一直覺得，這一切完全是因為我天生體力不好。但看看周遭才發現身體比我更差的人，必要時還是可以擠出內在的能量，活得非常精采。那時我才意識到，所謂的熱情不是專屬健康或體力好的人。花了很多時間，我才知道我天生的習慣並不只是因為體力不好，也因為我是個很容易把活力用盡的人。

非常內向的人如果想過一般人的生活，就會經常生病。因為即使自己沒有察覺到正在承受壓力，但身體還是會有反應並發出警訊，燃燒自我的機械效率會降低，能量也很快就消耗殆盡。

這種人會一邊慢慢跑，一邊去注意燃料桶內的情況，且必須適時地補充燃料。如果開上高速公路，一個勁兒地往前狂奔的話，就會在不知不覺間面臨猝不及防的燃料枯竭，束手無策地停在半路上。

這樣的內向者似乎不適合野心這個字眼，但意外地那些接近成功的人當中，內向者的比重其實並不低。之前我為了寫書，曾經到處訪問成功人士，其中可以稱得上是內向者的人反而比較多。他們的共通點是，只看著最後的目的地，但不會全力加速向前衝刺。

「既然已經有了目標，那走著走著總會到達終點的。」

本著這樣的想法，他們會鞭策自己勤勞一點，邁開步伐前進。

其實真正的內向者並不喜歡惹事，因為光想到一次必須面對一大堆新的事件，就會讓他們覺得很痛苦，但是工作過程中來自四面八方的問題，他們也還是能夠見招拆招。

不放棄這樣的過程，努力堅持到最後，就發現自己已經抵達了終點。

輸出功率很強的外向者，雖然能夠爆發出超人的速度，看起來好像瞬間跑了很遠，但反正最後都是要抵達目的地，其實沒有什麼差別。內向者就像八旬老人開的車子一樣慢慢行駛，而且必須要經常進加油站補充燃料，但最後仍會抵達目的地。

雖然並不是所有人都需要成功，卻必須要選擇活出屬於自己的人生。這雖然很耗費精力，但動力比較弱的內向者也做得到。因為內向者擁有功能比較強的導航，或者是他們更能夠專注在導航的指示上，所以有時候甚至會比外向者更快抵達目的地。唯一能夠確定的是，只要願意，內向者確實可以按捺心中的恐懼，幫助自己走得更遠。

即使像燭光一樣微弱，但只要能夠傾注熱情，微弱的熱情仍能驅使我們邁出步伐並抵達目的地，我希望能每天提醒自己這件事，並永遠將其記在心中。

只要願意，內向者確實可以按捺心中的恐懼，幫助自己走得更遠。

達成野心的內向者

阿圖爾・叔本華

他一輩子沒有朋友、沒有戀人，是個熱衷於折磨母親與老師的人。因為把父親自殺的責任歸咎在自己身上，開始怨恨起個性樂天的文學家母親，再加上成長過程中被排擠，因而使他成為陰鬱的厭世主義哲學家。他曾經詆毀當時最德高望重的哲學家黑格爾，認為自己創立的生命哲學無人能及，是對自己莫名有信心的隱士。

但這樣的他，卻還是必須跟別人往來，甚至會定期邀請村子裡的居民共進晚餐，跟居民們和平共處。

他因為聲稱自己比黑格爾更優秀，所以曾經被大學開除，但不久之

後便隨著歐洲政局的改變，真正地超越了黑格爾。但他卻因為心臟麻痺驟逝，所以根本沒有看到自己的野心終於實現的那一天。

安迪・沃荷

他是結合藝術與流行的普普藝術創始人，藉著獨特的藝術作品、與知名人士的交流、銀色假髮與太陽眼鏡吸引全球目光的安迪・沃荷，名副其實地「愛刷存在感」。他不光有獨特的藝術世界與天生的才能，更擅長自我行銷，所以他還在世的時候就已經是個傳說。

但他的個性其實超級內向，小時候是個可以自己一個人畫畫好幾天的少年，也幾乎不太交朋友。即使如他所願地成名之後，他的個性依然沒有改變。穿戴銀色假髮與太陽眼鏡，其實是為了將真實的自我隱藏在他所創造的角色形象背後。當他在接受膽結石手術，因心臟麻痺逝世之後，也是以戴著銀色假髮與太陽眼鏡的造型下葬。

甘地

他是主導大型不合作運動的人物，現在被稱為印度的國父。挺身而出，帶領印度的民眾對抗強大帝國主義的甘地，其實是個內向又謹慎的年輕人，這真的超乎我們的想像。

他是一個害羞、不太會交朋友的少年。好不容易當上律師之後，第一個委任案就因為太緊張而無法好好辯護。甘地看到為了賺錢前往南非工作的印度人，遭受不當的待遇而忿忿不平，並發起反抗運動的同時，也讓他的個性有了一連串的改變。投身民族運動之後，甘地經常獨自冥想、沉默不語。

佛萊迪．墨裘瑞

佛萊迪．墨裘瑞是英國傳奇搖滾樂團的主唱，最知名的特色就是他的獨特演出。他的動作十分輕盈，能夠自在地在舞台上穿梭，帶動數萬名觀眾的情緒。要在這樣的他身上找到內向者的特質，其實是非常困難的事情。但他周遭的親朋好友，都指證歷歷地說他是個非常內向的人。

沒有公開活動的時候，他經常自己一個人待著，也不太擅長面對媒體和採訪。有別於舞台上充滿男子氣概的模樣，他其實是個非常感性的人，總是在自己的世界裡獲得藝術的靈感，為了將這些靈感傳達給大眾，所以只會在舞台上展現出充滿爆發力的能量。我們可以說他確實是只在必要的時候，打開社會化開關的代表。

Chapter 3

讓原本的我做原本的我

——跟貓很合得來的原因——

有一段時間，我最無法理解的就是那些養貓的人。一方面是因為我原本跟動物不太親近，但另一方面也是因為，養狗的理由比養貓明確很多。身邊有一個會不斷對自己表達愛意的存在，怎麼看都很吸引人。

貓是不太會親近人的動物，而且牠們感覺很陰沉，實在讓人沒什麼好感，現在已經不需要抓老鼠的人，為什麼非要跟這麼冷漠的動物一起生活，我真的是怎麼也想不透。而這樣的我，卻在因緣際會之下養了一隻貓，這也改變了我這極端的想法。

「為什麼不養貓呢？」

偶爾看到朋友家的狗，我一定會毫不猶豫地稱讚狗很可愛。

但狗那種表達愛意的方式，卻會讓我瞬間用盡自己一天的能量，我無法好好報答那份愛與喜悅，實在很有罪惡感。雖然曾經想像過幾次跟狗一起生活，但最後我的結論都是這好像不可能。

狗擁有賭上一切，只愛著主人的那種盲目。

如果想要轉移牠對我的關注，就必須要不斷跟牠互動，但我實在沒有自信能做到這個地步。不符資格的我，只能遠遠地看著別人帶到外面散步的狗，享受「別人的狗真的超級可愛」的微妙情緒。

貓很安靜，很悠閒。吃東西、上廁所、洗澡，完全都不需要藉助人的幫忙。牠們一天睡十六個小時，會自己過自己的生活。雖然看起來對身為主人的我很冷漠，但也還是常常跟前跟後。如果我從客廳走到書房去工作，我養的貓就會默默地跟過來，跑到書櫃上睡覺。而工作結束之後，看起來比較有空了，牠也會一副終於等到我有空的樣子，對我「喵」幾聲。我們用盡量不刺激彼此的方式相處在一起，我覺得這跟我很像。

就像內向者們擅長的溝通方式一樣，跟貓的交流也必須更專注。只對最親近的幾個人表達自己的愛，如果是和別人在一起，就會完全不表現任何情緒，甚至會疏遠主人。雖然也會對主人表現出不輸給狗的親密與甜蜜，但貓的表現方式卻比較隱晦、安靜。

對必須完全沉浸在獨處中，才能獲得力量再次融入群體的我來說，經常會覺得貓才是最理想的室友。一天裡大多數的時間，都享受各自的私生活，偶爾對到眼的時候也會開心地交流，這讓我們彼此都很滿意。這種幾乎可以說是靈魂伴侶的「各過各的，但卻生活在一起」的相處方式，讓我發現跟這傢伙相處並不是那麼困難的事。

最讓我滿意的是，貓並不會為了討我歡心而刻意忍受牠不喜歡的事情。如果不想被抱著，牠就會掙扎著逃離我的懷抱，也不想要勉強自己接受訓練，更不會為了吃點心而假裝撒嬌。作為一個敏感的人類，實在不想要再去處理一些令人頭大的事情，所以貓的這種天性，真的讓我非常感激。

為了知道自己在意的對象，是否也為了自己的幸福忍受痛苦，必須用心觀察的人際關係，只要存在於人與人之間就好了。如果貓能夠說話的話，那最常說的話可能會是「我沒差，我會自己看著辦」吧。

因為工作的關係，我大多數的時間都是自己一個人，如果工作時間很長，我就會離開書房或是工作室到咖啡廳去。雖然無法避免獨處，但如果真的只有自己一個人，又會覺得很孤單、被孤立，為了跟「不會妨礙我的陌生人」在一起，便選擇了咖啡廳。但開始跟貓一起生活之後，我不會再這麼做了。因為這傢伙可以給我想跟陌生人待在一起，但又不想被打擾的感覺。如果有人發現在咖啡廳寫作的我，那我絕對不是因為孤單，而是因為在家完全沒有任何靈感，想換個環境，所以才會動身離家。

靜靜看著這隻養了三年的貓，我開始能夠理解自己身上連自己都沒能發現的那一面，也可以理解那些跟我一樣內向的人。

對那些無法理解內向者為何不能主動出擊的外向者來說，可能會覺得有點奇怪，但其實同類之間應該也無法很快拉近距離。所謂的關係，是要有人先跨出一步才會成立，如果兩個人都很內向，那就要花很多時間才能縮短距離。而比較不那麼內向的那邊，自然會變得比較積極。所以跟貓在一起的時候，我會變得比較外向。

分享著寧靜，只靠其中發生的空氣變化，就足以意識到彼此的存在，我覺得這真的很迷人。

—晚餐沒有約會的原因—

要跟人見面的話，我通常會約午餐。如果是因為工作見面，那約午餐很正常，但即使是跟熟識友人的私人聚會，我也還是會約午餐。如果不是對方只有晚餐有空，或是講好要喝酒的話，我都會提議說在白天見面。因為晚上跟別人見面這件事，帶給我的壓力不小。

這不只是因為很累而已，也是因為「人」這種刺激，入侵了夜晚這個休息時間。

對敏感的內向者來說，這世界帶來的刺激當中，最強烈的非人莫屬。其他的刺激都是單方面的作用，雖然會讓我感到疲憊，但只要隔絕這些刺激就好，但只有人沒辦法這麼做。付出和獲得，兩種刺激同時作用著，也令我的疲勞加倍。交流的人數越多，這些刺激就會以等比級數成長。

如果到晚上還接受人這種極大的刺激，那天晚上我就會睡不好。即便躺到床上準備入睡，我的精神仍然完全緊繃，妨礙我睡覺。所以我需要在白天跟人見面，晚上讓自己有獨處的時間。

如果晚上的聚會非常有趣，或是要跟有趣的新朋友見面，那天晚上就根本不用睡了。我會像喝了十杯咖啡一樣心跳加速，並且不斷回想那天分享的對話。晚餐時那些印象深刻的畫面，會不斷在我腦海中的電影院重播，費盡一番功夫才終於可以入睡。而只要有一天睡得不好，接下來就必須承受維持數天的後遺症。

我通常是白天寫作，所以即使晚上的時間也可以拿來利用，但我還是乾脆放棄晚上的工作時間，這樣寫作起來會比較有效率。

大家都知道遇到這樣的情況，酒精其實是很有幫助的。

適當的酒精可以抑制交感神經，使交感神經不那麼敏感，也會讓我比較不累

（這裡「適當」是很重要的）。曾經有段時間，我一直不能理解為什麼只要參加晚上不喝酒的聚會，就會讓自己更虛弱無力。

可能是因為這樣吧，很多內向的創業者，常常要在喝了酒之後才能真正開始聊工作的事情。在酒席間提出建議、深入對談，然後在精神比較清醒的白天開始執行這些內容。以前我都認為這是一種讓對方毫無防備的策略，但現在才發現，原來這其實是為了自己。讓自己不再對跟人溝通這件事這麼敏感，也可以稀釋說服他人的緊張與害怕被拒絕的擔憂。

但我也看到許多因此酒精中毒的人，所以希望絕對不要有內向的人把這當成是什麼小祕訣。比起依賴酒精，我還是比較常看到在必要時按下「社會化開關」，練習跳脫自己的本性，保護自己以獲得必要成果的人。

晚餐的聚會，對我來說是很微妙的存在。

其實接受這種刺激並不是什麼壞事，畢竟平常只是獨自寫作的我，跟人見面這件事就是一種特別的活動。在聖修伯里的《小王子》中出現的那隻狐狸曾說：「如果你下午四點要來，我從三點就會開始覺得幸福。」而我則是會從一天前就開始興奮，並不會因為是晚餐聚會所以比較不興奮。但如果因為不得已的情況取消約會的話，我也覺得很不賴。可以度過一個意想不到的自在夜晚，那樣的安心感能讓我加倍安穩。

如果不是內向的人，肯定無法理解這種矛盾。

曾經有段時間，我無法理解自己這種矛盾，總會刻意壓抑或是對這種生理上的疲勞視而不見，當時也不能理解，為什麼有時跟人見完面回家後會感到空虛。現在回想起來，那是因為在那場聚會中所獲得的，遠遠比不上我所失去的。外向的人不會因為聚會失去什麼，也不會對聚會有太深的期待。

過去的我會隨便出席聚會，而現在的我比較能有意識地平衡得失，反而開始覺得聚會有價值了。

我現在都會一個星期休息，一個星期聚會，讓自己有一個星期的時間去興奮地準備。

偏好殘酷犯罪片的原因

雖然我幾乎不會開電視，但想看點什麼東西的時候，大多是看犯罪片。我之所以會知道屍斑（人死後心臟停止跳動，血液因重力而沉降在皮膚下方的微血管中，皮膚因染色而出現的東西）、魯米諾（Luminol，廣泛用於血跡檢測的有機化合物）、膛線（槍管內的螺旋形凹凸槽，用顯微鏡去觀察子彈，就可以知道是槍枝的種類，子彈上的膛線痕跡也被稱為是「槍械的指紋」）之類的用語，也都是拜這個習慣所賜。

我最常看的是美國犯罪搜查系列，而跟著我一起看的朋友都會被嚇到。首先是因為犧牲者都會以各種獵奇且殘忍的方法死去，已經因為這樣而嚇到的他們，又因為我樂在其中的樣子再吃驚一次。大家都說，我看起來就是比較偏好抒情作品的人。

對討厭刺激事物的內向者來說，犯罪搜查片可能是真的有點不太搭。但他們忽略了一件事，會做成文化商品的故事，其實全都是一種刺激。之所以會使它成為一種刺激，並不是因為其中的那種情緒，而是因為當它變成一個案件之後，留下的後遺症其實沒有想像中的大。

犯罪片大多是從發現屍體開始的，一開始就讓大家看到犯罪的畫面，但這只是暗示發生了一起事件而已，並沒有讓我們看到犧牲者的人生歷程。換句話說，犧牲者跟身為觀眾的我，並不具備任何情感上的連結。這樣的開頭，只是丟給我一個謎團而已，我可以不必為了犧牲者的死而感到悲傷、難過。

如果是像這種可以保持適當距離的情況，那無論屍體的情況再如何悲慘、殘忍，我都無所謂。即使面對殘酷的事件依然無動於衷，可以泰然自若地完成工作的主角，反而讓我覺得安心。他們那種枯燥無味的反應，反而更提醒了我，這些可怕的事情和我沒有任何關係。

真的會讓我覺得殘忍的，並不是像毀損屍體之類的行徑，而是我已經將自己的情感投射在主角的朋友身上，但那個朋友卻死掉的這種設定。

所以即使同樣是犯罪片，我還是會選擇在心情比較好的時候，才去看在情感上跟我比較接近的「國產片」。

所謂優良的文化商品，就意味著具有足夠的魅力，能夠緊緊虜獲觀眾，使觀眾投入其中。使觀眾陷得越深，就越能獲得讚賞。但那些一旦敞開心門，就會束手無策地陷入其中的人們，完全不會對利用感情把觀眾吸引進來，然後再狠狠捅觀眾一刀的編劇產生防備。這些人不太擅長適度沉浸在這樣的情緒之中，然後趕快將自己抽離。這些文化商品的內容，雖然能告訴我們人生中何謂真實，卻也經常讓我們弄不清楚，這究竟對我們的生命帶來什麼好處。

相對地，那些看起來莫名殘忍的犯罪搜查片，反而是讓這個世界更單純、更公平的烏托邦。發生了事件、抓到犯人，用案件來代替那些讓人樂此不疲的人際衝突元素。劇情雖然描述的是殺人這種不可饒恕的犯罪行為，卻不會去挖掘人類天性中最殘酷的那一面。

面對在這些不人道的案件中，仍能夠保持理性、毅然決然的偵查官們，彷彿一直在向我傳遞訊息，告訴我不會有任何問題。

「無論這個世界再如何充滿惡意，只要稍微退一步看，就會覺得沒關係。」

或許我就是偶爾想要跳脫自己的生活，所以才會這麼喜歡看犯罪片吧。

不知道為什麼，從小學起就經常覺得人生很累的我，非常熱愛福爾摩斯全集。當時書很珍貴，圖書館的數量也很少，更無法自己買回來看，所以我總是在院長銳利的目光之下，成天窩在鋼琴補習班的書架前讀這些書。不被案件打倒，總是能夠慢慢釐清線索的福爾摩斯，彷彿就是我這個害怕世界的小鬼頭，永遠不會褪色的分身。

雖然我可以變得更勇敢一點，但不管年紀多大，我的確還是個膽小鬼。所以才會需要在面對這世界上最可怕的事情，也就是站在死亡面前的時候，還可以輕鬆談笑風生的獨特分身也說不定。

當我覺得人生就是一個巨大的謎題時，我就會像戲劇中那些身處滿是鮮血的刑案現場，仍默默做好自己分內工作的偵查官一樣，以置身事外的目光來看這個世界。

如果用感性去看犯罪現場，或許會覺得那就是一個殘忍案件所留下的痕跡；但用理性仔細剖析，就會發現那些都只是沒有生命的物品，是證據。如果用偵查官的角度去看那些在現實中折磨我的事情，會發現其實還算可以忍受。無論敘事的手法再直觀，都會有人從中找到自己的救贖。

既然寫到這件事，那我想今天應該早點結束工作，去把我一直在看的犯罪片追到最新集數。我已經快忘記那種在驗屍的時候一邊喝著啤酒，一邊屏氣凝神觀賞的樂趣了。

─為什麼失戀的配角總要出國？─

愛情劇當中不可或缺的工具，就是三角關係。可以是兩個女人喜歡一個男人，也可以是兩個男人喜歡一個女人，有時候則是兩者兼具。總之，男女主角一定會牽扯在一起，把身為情敵的配角給擊退，很多時候這些配角都會在失戀後出國消失。

這雖然是象徵主要的感情線開花結果、塵埃落定，但同時也具備其他的象徵意義。這一方面是象徵配角無法爭取到自己的戀情，另一方面也是在代替觀眾告訴這些配角，不要繼續待在這個國家，看自己不想看的東西，快到國外去過自己的人生吧。到國外去這件事情，不僅代表去旅行這麼簡單的意思，同時也具備轉換心情、好好休息的意義。

有一次我看到連續劇裡那個失戀之後準備搭飛機離開的配角，突然有了這樣的想法：

如果換成是我，我真的會想要搭上飛機到陌生的地方去嗎？

光想都覺得可怕。

對我來說，旅行並不是為了改變壞心情而去的，而是在最健康、心情最好的時候，為了讓自己身邊發生更多好事而去的。

仔細一想，到全新的環境似乎能幫助我們忘記過往的壞經驗，但其實事情並非如此。

很久以前，我曾經為了尋找撫慰內心傷痛的方法，獨自一個人去旅行。雖然沒有表現出來，但出發後我便帶著一切都會恢復原狀的想法，勇敢地踏上旅途。但這一趟旅程不僅沒安慰到我，反而更讓我感到孤單。在海關受到種族歧視比平常更讓人難受，不斷的突發狀況也不再是一種驚喜而是苦難。待在陌生的地方一直都讓我覺得很難受，回來之後要同時承受後遺症及沒有改變的現實，反而更讓我感到痛苦。

要適應新環境的時候，我們需要有能夠對抗壓力的力量。但如果在失戀之類已經精力枯竭的狀態下，那些小小的錯誤，都會令人壓力倍增。

即使到了國外，我們大部分的時間還是會跟平常一樣。即使飛到地球的另一邊去喝哥斯大黎加咖啡，還是會想起跟分手的戀人一起在咖啡廳的樣子；即使到了北極去看極光，還是會想起對方因為天冷而穿著羽絨衣的背影。如果離開地球，到完全無重力的太空站去，過著完完全全跟過去不同的生活，那是否就能遺忘呢？

如果是喜歡多巴胺刺激的外向者，或許可以透過新的刺激與冒險，幫助自己忘掉一定程度的悲傷。但對必須在安定的情況下才能獲得幸福感，才能感覺到積極、樂觀的內向者來說，旅行這種刺激只會讓人感覺更痛苦。

或許我們需要的是「離開那些事情」的象徵性儀式。如果是這樣的話，還有必要非得逃到充滿著全新壓力的陌生環境嗎？

如果我有想要忘記的事情，我就會在自己熟悉的地方嘗試做一些改變。我最常用的方法，就是把東西丟掉。

有一點點小壓力的時候，我會把用不到的文件、不會拿出來寫的筆整理掉，更進一步還會把幾件衣服丟掉。如果遇到可能會影響整個人生的龐大壓力時，就會開始丟家具。當然我也不是隨便亂丟，而是嘗試讓自己只留下最低限度的必需品。

有時候會為了品嘗前所未有的美味，去知名餐廳來趟美食之旅；有時候則會反過來用運動跟減少進食量的方法，來控制體重。

為了遺忘而離開，並不是離開我所在的地方，而是離開「我」。對某些人來說，旅行這種生理上的離開或許會有幫助，但並不適用於典型內向的我。

旅行這種寶貴的經驗其實非常辛苦，而我希望在自己充滿力量的時候去嘗試。

轟動的好消息對內向者的影響

如果你問說希望發生什麼事情，讓自己在最短的時間內變幸福，我想很多人會說中樂透。

但，真的是這樣嗎？

我不打算在這裡回答是或不是，但至少我知道對內向的人來說，這種轟動的好消息，並不會跟幸福有直接的關聯性。

我的生命中，也曾經有過幾個天大的好消息。像是第一次聽到我的書在中國暢銷，因而受邀前去出席活動的時候，以及看到曾經擔心因為個性內向，不知道能不能適應小學的女兒，毫不畏懼地站在台上發表的時候。有些人可能會訝異前者與後者在我心中竟是一樣的等級，但總之，如果只看當下的感受時，確實是這樣沒錯。

如果有一直單戀我的男生，突然向我告白之類的，那我倒是可以把這件事放入好消息的名單內，但可惜的是我連作夢都沒夢過這種事。

要是有這種事，我應該會心跳不已非常開心，但「心跳不已」這幾個字其實是個陷阱。心臟快速跳動，就會讓人有一種好像喝了一大桶能量飲料的感覺。無論面對任何事情都沒辦法做決定，但也沒辦法什麼都不做，這代表全身的神經都興奮起來。這種敏感、猖狂的情緒，很快就會變成頭痛，最後則會讓心情變差。

「奇怪，我現在不該這樣啊。」

雖然會這樣想，但我依然會帶著很不幸的心情，度過這段令人不明所以的時間。

幸福反而會在這種具衝擊性的好事發生一段時間之後，才找上門來。通常是慢慢感受到這件事情帶來好的結果，或是站得遠一點去看事情的全貌時，才會開始覺得幸福。

我們常會想，過了人氣巔峰期漸漸走下坡的名人，肯定會覺得有些淒涼。

但實際上遇到那些失去光環的名人，有時候卻會意外發現他們過得比過去更滿足。有一次我遇到一位曾經在自己的專業領域獲得最高成就的名人，聽完他的一番話之後，也讓我更深入地思考。

「我曾經獲得最好的成就，當時的我真的不知道，只要有曾經獲得最高成就的這個回憶就夠了。雖然別人說什麼我過氣了怎麼樣了，但我還是覺得現在這樣很好。」

或許可以因為轟動的好消息而感到幸福的人，並不如我們想像中那麼多。就連現在此刻處在高位，如星星般耀眼的那些人，也可能有一樣的感受。

當然，發生這樣的事情是讓人很感激，可並不是一定要發生天大的好事，我們才能夠獲得幸福。如果就連曾經獲得最高成就的那些人，都要在過了這波衝擊回歸日常之後，才會感覺到幸福的話，那我們現在腳踏實地經營的日常，是否也能享有幸福呢？那些對外在環境改變十分敏感，比較安靜的內向者更是如此。

如果你是可以從那些自喜悅中掉出來，彷彿碎屑一般的日常生活中獲得幸福的人，那或許在沒有什麼大變化的日常生活中，你也同樣能夠獲得幸福。

曾經有人問我什麼時刻讓我覺得最幸福，我當時這樣回答：假日吃完午餐之後，跟家人坐在一起喝咖啡。對我來說，幸福的風景不是像土石流一樣瞬間撲面而來，而是一般的日常風景。

察覺到這件事情，會讓自己變得很有效率。我會等待著人生中至少有過一、兩次的那些時刻，靜靜地珍惜著幸福不多不少剛剛好的日常。

—我的生活看起來很無聊嗎？—

有些年輕女性一到假日，就會在家讀書。有一天，她認識一個生活與她截然不同的朋友。她跟著這位朋友一起體驗了很多嶄新、有趣的經驗，以此為契機，這位女性發現了新的自我，走進更開朗的世界。

不覺得好像在哪看過這個故事嗎？

那些描述喜歡自己一個人待著的「魯蛇」劇本，一定會出現這樣的安排。內向的人因為個性太謹慎，無法享受人生的樂趣，某天出現一個如救世主般的神祕外向者，徹底解放了主角。尤其是認為內向會對社會產生副作用，具有美國情懷的好萊塢劇本更是如此。

但是啊，內向的人並不是沒有跳脫自我的勇氣，所以才被困在平淡無奇的無聊人生裡。

在別人覺得很無聊、無趣的生活中，他們可以充分地感受到快樂，所以才會過著這樣的生活，並不是他們過著需要別人來拯救的悲慘人生。

老實說，我從來不會覺得「無聊」。小時候經常作白日夢的我，在需要坐車坐很久或是自己一個人走很遠的路時，都不會覺得膩。住在位於市場入口的公寓時，我經常趴在窗邊往下看三、四個小時。雖然什麼事情都沒發生，但這個世界靜靜轉動的樣子，總是讓我覺得很有趣。

變成大人之後也還是一樣。朋友催促我一起加入充斥酒精與跳舞的夜生活，聽他們這樣說，就覺得好像非得這麼做，才可以不落人後、加入主流，過個毫不後悔的年輕歲月。

但去到現場之後發現，一堆人聚在一起跳舞的地方，就是個沒有任何道理，只充滿各種刺激的場所。空間裡充斥著大量的光線、聲音與混濁的空氣，幾乎不可能和身邊的朋友聊天。那或許是我長大之後，第一次感覺到「無聊」的時刻。

也因為這樣，我覺得日常生活中的刺激，反而可以帶給我更好的體驗，所以對夜生活並不是太有共鳴。看恐怖片、高空彈跳、搭乘驚險刺激的遊戲設施、極限運動等，都很刺激、很棒，但我不覺得自己需要這麼強烈的刺激。這個世界本身就充斥著許多危險的刺激，為什麼非得去經歷這種瀕死體驗，真的令我費解。

對我來說，跳脫日常的刺激如下：

吃平常不會吃的料理。

主動傳訊息給很難相處、但想跟對方拉近距離的人。

穿上華麗的衣服。

對偶遇的人表達出親切感。

旅行，不管是去哪裡，就是旅行。

……

光想到這些，就會讓我不斷分泌腎上腺素。

看起來過得很單調的內向者，其實很有可能反而過得更有趣也說不定。那些感受不到日常生活中微小刺激的外向者，只能透過特殊的活動或成就感受到樂趣，但內向者對趣味的臨界值比較低，所以不必受太多苦，就可以感受到樂趣。

據說內向者就連在休息的時候，大腦的活動都很活躍呢。

這世界上就是有一些人，在觀察那些不斷在生命中製造特殊事件的人時，一方面會覺得「那個人過得真有趣」，但另一方面也會覺得，即使有能夠這麼做的能力，也不會因此感到滿足。

我覺得會去挑戰比較刺激或是全新的事情，與其說是享受，反而更像是為了成為更好的人而不得不這麼做。所以我才會放慢腳步、小心翼翼地動作，以避免產生反作用力。就像蝸牛動作的幅度在外人眼裡，小到會讓人懷疑是否真的有在動，但蝸牛仍然努力朝著自己偉大冒險的終點邁進。

內向者的小樂趣

我正透過線上課程學畫畫。因為無法花時間和精力去補習班，而線上課程也不會覺得對不起老師，這樣比較不會給我自己壓力。完成一幅畫的時候，我會上傳到社群上面，這讓我感到心滿意足。

我有在養多肉植物。多肉植物不僅不占空間，而且也非常可愛。我是上班族，所以經常不在家，對體力很差的我來說，要養寵物是件困難的事。雖然有點麻煩，而且生長的速度也很慢，但只要我付出一定程度的關愛，它們就可以活很久，運氣好的話還會開花呢。

我有在網路上用筆名發表一些短文，我很喜歡寫作，但不太好意思給別人看我的作品。畢竟我有其他的工作，寫作能力也沒有獲得認證，所以只是找空檔寫小說，然後再定期發表而已。雖然反應沒有到爆炸性的好，但有人喜歡我寫的文章，真的讓我感到很驚訝！完成這部小說，讓作品可以有個結尾是我的目標。

這看起來可能很普通，但我其實很喜歡讀書。因為最近的人都不怎麼看書，所以看很多書的人看起來好像就比較特別。我最近也特別會去找比較深奧、艱澀的書來讀。讀書的時候，會覺得在生活中遭遇的困難都得到了安慰。不僅能夠增加自己的理解能力，也可以了解那些讓我感到痛苦的事情。我最近的願望，就是可以每天只讀書，其他事什麼都不做。

─請不要太顧慮我─

這是我跟某人吃飯時發生的事。對方在我開始動作之前，很快地擺好了碗筷和紙巾，還幫我倒了水。吃飯的過程中，也一直把我比較常去挾的菜換到我面前，如果我喜歡的小菜都快吃完了，他就會很快叫店員來補上。如果湯快喝完了，他就會再拿一個碗幫我盛一碗配料豐富的湯。

這位這麼細心照顧我的人會是外向者嗎？還是比較有可能是內向者呢？

雖然我們一般都覺得對他人的情況較敏銳的內向者會比較細心，但在日常生活中其實不是這樣的。會這麼毫不猶豫地照顧他人的人，其實大多都是外向者。內向者其實更擅長一般人不太會注意到的「消極的貼心」。

並非所有的外向者都擅長「積極的貼心」，而是決定要對他人貼心的人所抱持的態度，造就了這種貼心的型態。

像上面說的這個用餐的情況，我就會對這位細心照顧我的人留下好印象，但他越細心照顧我，我心裡也就越是狂風暴雨。

對方一直在干涉我用餐，他照顧我的時候，我的注意力不是放在舌頭上，而是放在他的手上。而且他是幾乎每分鐘都在為我做這些事情，也就表示他吃飯的時候一直在注意我。

以女人的標準來看算是吃很多的、原來她喜歡肉啊、她只吃湯裡面的配料……

我實在很抗拒對方注意並記錄我吃東西的行為。

另一方面也會開始擔心，被照顧的我是不是太不懂禮數了。

比起把對方照顧得無微不至，內向者認為的貼心，比較是不做讓對方感到不舒服的事情。因為自己覺得不舒服，對方應該也會有一樣的感覺，這是他們最低限度的貼心——所以如果對方展現出積極的貼心態度，他們會覺得對方可能是喜歡這種行為，並且猶豫自己要不要改變態度。

如果我要照顧對方的話，該怎麼做才好？

如果笨拙地去模仿對方的行徑，反而會在不知不覺間讓氣氛變得很微妙。這也使得內向者陷入要貼心也不是，不貼心也不是的窘境。

照顧某人這件事，就必須要承擔可能會讓對方感到不舒服的風險，所以其實很需要勇氣。對情緒非常敏感的內向者，比起冒著被對方拒絕的風險去贏取額外分數，反而更滿足於小心不要被扣分。花時間慢慢向對方表達自己的真心與魅力，會讓他們感覺比較自在。

跟生活一帆風順的時候相比，在缺乏什麼東西的時候，反而會更能感受到內向者的消極貼心，因為當你想要填補某些不足時，對消極貼心的需求肯定會比過往更加強烈。

偶爾會遇到一些連你那「拒絕他人關心的想法」都照顧得無微不至的人，這與個性並沒有太大的關係，我覺得那可以稱為是一種藝術。這時候你會立刻明白，這些人肯定經歷無數的錯誤、累積了大量的經驗，才會有這麼一本經過高度精煉的守則。每次看到他們的微笑，想起讓他們練習、熟悉這些貼心的殘酷職場，心裡不免覺得有些難受。

雖然大家的風格都不一樣，但隨著交往的深入，無論是哪一種形式的關心，都會讓人感覺溫暖。我們可以直接告訴那些過度貼心的人，要他們別再花心思照顧別人，而對於那些已經習慣照顧他人、也覺得這樣比較自在的人，也可以乾脆別再繼續管他們。在面對那些連我失敗的貼心都能包容的人，我也會嘗試更積極地付出我的心意。

但遇到那些雖然已經被拒絕，但還是會時不時地付出一點小小的關心，並藉此往自己臉上貼金的人，我就會比較警戒。因為實在很害怕他們在付出的時候，也會期待從我身上獲得一些什麼。

我要是哭，希望大家都不要管我

跟朋友們聚會的時候，你聽到一個很難過的消息，超級傷心的你，不知不覺間哭了出來，這時你會希望朋友怎麼對待正在哭泣的你呢？是希望他們圍繞著受傷的你，陪伴你、安慰你嗎？還是簡單關心個一句就離開，讓你自己一個人去處理那些眼淚呢？

老實說，我曾經看過一個外向朋友跟另一個內向朋友在面對這種情況時展現截然不同的態度，而他們也因為這樣跟對方有了些心結。

「你怎麼可以丟下正在哭的我自己離開？」

「因為換成是我，在那樣的情況下會想自己一個人靜一靜，我以為你也想這樣。」

在我們的認知中，真正的安慰通常都屬於前者，但內向的人通常都希望是後者。

我認為，哭泣是非常私人的事情。無論關係再好，都不想讓對方看見自己哭泣的樣子。哭到眼眶泛紅、鼻涕流個不停的樣子，就連自己看了都覺得不好意思。希望可以在一個沒有人看到的地方，自己一個人盡情地抱著衛生紙哭個痛快，然後再把現場整理乾淨。如果能夠丟下這樣的我不管，等我浮腫的雙眼稍微消腫時，再遞個美食、跟我打鬧一下的話，我應該會覺得非常感激。

在承受極大壓力的情況下，我通常會覺得獨處比較能獲得療癒。無法不意識到他人情緒的內向者，身邊有人的時候，會非常在意與他人產生的相互作用，所以不太會去顧及自己受的傷。他們必須用不被任何人注意到，屬於自己的方式來平復這些痛楚，才能夠恢復原狀。

養育孩子的過程中，最讓我感到痛苦的時候，並不是連續幾天沒辦法好好睡覺，也不是無法跟朋友見面，只能困在家裡，而是需要安慰的時候沒辦法獨處。

育兒的前輩曾經說「當你因其他事而痛苦時，只要看到孩子的笑容，那些煩惱都會消失」，這句話根本就是騙人的，至少對我來說是這樣。

孩子雖然很可愛，但對於這種完全不給我時間自己消化痛苦的存在，我經常會覺得很兩難。有了孩子之後，難過的時候我會更難過，高興的時候也會更高興。

當然，也不是說他人的存在對這類的人來說毫無用處。在內心最黑暗的時候，會希望好好獨處、好好照顧自己的人，一旦到外面與人見面，就會希望藉由與他人共度的時光，來清理那些痛苦的殘骸。屆時朋友可以好好陪伴他們，用笑容來蓋過那些傷痕，這對任何人來說都是無與倫比的慰藉。

那如果身邊有看起來需要安慰的人時，我們要怎麼判斷自己該採取哪種態度呢？

我女兒現在六、七歲，是個連自己都受不了自己的愛哭鬼。如果她為了一件事情傷心到哭個不停，我就會問她：

「妳要回房間自己哭嗎？還是要媽媽抱妳呢？」

然後她就會停止哭泣，轉動一下眼珠子，接著說她要回房間自己哭。

然後我會叫她自己去哭個夠再出來，就把孩子送回房間。朋友要是看到這個情況，每次都會氣到說不出話來。因為我看起來就像是個都不安慰哭鬧的孩子，讓孩子自己一個人在房間裡哭的殘忍媽媽。

但每次遇到這種情況，孩子都會在房間裡放聲大哭到外頭都聽得一清二楚，然後帶著開朗的表情，頂著個紅紅的鼻子走出來，開始跟平常一樣玩。可能是因為像我吧，這個超級內向的女兒就是一個需要時間獨處的孩子。

如果遇到需要安慰的人，那要不要先問問對方的意願呢？問他要不要陪著他。

─我是沉默的美髮沙龍常客─

我每兩個月會去一間小型的美髮沙龍報到，那裡離家很近，而且使用的產品也都很好，所以我就成了常客。某天我去的時候，發現原本的那位髮型師辭職，換了另外一個新人。雖然有點擔心，但我既然預約了，就還是把頭髮交給那個人，然後像平常一樣開始看起雜誌。

但我突然產生了不好的預感。那位設計師是個話多到超乎想像的人，雖然我有一搭沒一搭地回著話，但他還是滔滔不絕地說個不停。我以敷衍的回答，視線集中在雜誌上，來表達差不多該到此為止的意思，但他卻一直不停下來。我認為如果在這種情況下，直接跟對方說請他安靜，他應該不會覺得我其實並沒有惡意。

於是我只好放棄，用愛理不理的態度隨便回個幾句來撐過那段時間。

我真的很不想在那麼漫長的時間裡，聽別人炫耀知識，或是聽一些陌生客人的家事。正當我開始感覺到頭痛，已經快分不清楚設計師在處理的究竟是我的頭，還是其他客人的頭時，這彷彿坐在中世紀歐洲拷問椅上的時間終於結束了。雖然換了設計師，髮型還是讓我很滿意，我卻再也不去那間美髮沙龍了。

當然，我知道有很多人喜歡跟髮型設計師聊天，如果想藉由說話來抒發壓力，他們就是很好的對象。利用為客人整理頭髮的這個過程，來滿足自己說話的欲望，而且也可以安全地跟一些彼此不相干的人，去談論其他陌生人的事情。

但對我來說，聊天其實就跟工作沒什麼兩樣，所以無法跟透過說話來緩解疲勞的設計師相處。找一位因為和客人的交流而疲憊的設計師，讓他可以專注在自己的工作上，這對我們彼此來說才是最好的結果。

內向者跟敏感的人，雖然在心理學上被區分開來，但其實有很多重疊之處。內向者不光在心理的部分敏感，對情緒也十分敏感。

朋友都覺得我看起來很遲鈍，但其實除了我自己沒有保養好的視力之外，其他的感覺有時候敏銳到我自己都覺得很沒必要。我必須自己一個人忍受其他人沒有聞到的隱約惡臭，即使關上窗戶，還是可以透過「灰塵的味道」知道沙塵暴來了；因為對痛很敏感，所以已經很習慣忍耐；因為不太能夠忍受噪音，所以睡覺的時候需要白噪音。

這樣的我會去美髮沙龍的原因之一，就是為了感受到好的刺激，但對話這種事情會對大腦產生複雜的作用，實在是超出我的容忍範圍。

美髮沙龍、美膚沙龍、美甲沙龍等空間，對我來說不光是享受專家帶來的服務跟成果，更是休息的地方。我喜歡頭皮或是皮膚的穴道輕輕地被刺激，我想要好好享受那種慵懶的感覺。

有人會認為那些時間很無聊，一直跟員工搭話，但我的理智實在無法理解並對這種行為產生共鳴。

在他人的手與我的上皮組織接觸、摩擦的極度刺激中，要怎麼能夠不感到尷尬呢？或許是因為這樣，我幾乎不會在按摩的時候睡著。

以前無論在什麼情況下，我都會先想到別人的心情。所以有人想跟我搭話、聊天的時候，我都會不動聲色地盡量配合對方，即便是我花錢買服務時也一樣。我只想閉著嘴，不想說話的心情並沒有錯，只是要理解這種想法得花點時間。

現在我和固定的髮型設計師見面時，會露出一個大大的笑容並且問候彼此。然後針對髮型、髮質分享一些資訊與意見之後，設計師正式開始處理我的頭髮，我們就會靜靜進入各自的世界中。要說離開之後有什麼改變的話，那就是頭髮變輕了，當然，腦袋感覺也輕鬆不少。

內向者的共同疑問

Q

買東西的時候，如果店員執意要說服我，即使那個東西我根本就不喜歡，最後還是會買下來，可是回到家我就會後悔。像是去美髮沙龍時，也經常會在髮型設計師的建議下多做了昂貴的服務，最後在看到報價單的時候後悔萬分，有一種我成了「盤子」的感覺。這好像都是因為我個性內向又謹慎，該怎麼做才能改變呢？

A

內向的人天生就比較會考慮別人的心情，而忽視客觀的情況，即使對方是陌生人，還是無法冷酷地拒絕。

但之所以無法冷靜面對這種情況的最大原因，就在於你自己也不知道自己的想法。好像滿喜歡這個東西的，但另一方面又覺得價格有點高，這個功能自己好像用不到。而店員會很快掌握你的內心衝突，並且從中找出破綻。如果本身已經了解正確的資訊，就可以不被自己的個性左右，更果斷地做出決定。

建議不要衝動購物，也不要沒做任何功課就去美髮沙龍。這樣你就能判斷店員的建議到底是胡說八道，還是合理的推薦，也可以做出不後悔的選擇。

資訊可以讓那些模糊不清的內容變得更清楚。不只購物，很多事情都是這樣。養成事先掌握資訊的習慣，即使是認為自己很謹慎的內向者，也可以搶先一步握有發言權。

一關於躺到床上就能睡著的生活一

那是跟朋友去旅行時發生的事。我們訂了一間「雙床房」，躺在各自的床上聊個不停。聊了幾句之後，朋友把原本靠在牆上的枕頭放平躺了上去，結果過沒幾秒我就聽見她安穩的呼吸聲。我一邊想著該不會她就這樣睡著了吧，一邊輕輕叫了她幾聲，但都沒有聽到回應。在陌生的房間裡，而且跟朋友聊天聊到一半，居然還能頭一碰到枕頭就睡著。

那時，我真的感受到前所未有的強烈嫉妒，以前我從來不曾羨慕一個人到這個地步。

從我有記憶開始，入睡就一直是我的課題。

在腦海中數羊數到五千隻，或是從九九九九開始往回數，想辦法要讓自己入睡，已經是很稀鬆平常的事。

睡前喝熱牛奶或香草茶、更換寢具等幫助睡眠的方法，我也幾乎全部都試過了。無論在什麼情況下，我也很少會睡午覺。

這種至少要翻三十分鐘以上才會入睡的生活過著過著，不知不覺間就發展成真正的失眠。

腦袋雖然醒著，但是卻不像工作的時候那麼具生產力，一片黑暗在模糊的雙眼中，看起來就像孟克那張《吶喊》的背景一樣是深藍色的。睡不著的夜晚令我感到害怕，床鋪變成占據整個房間的巨大刑具。

每當失眠我就會想，如果眼前有個騙子說保證一定可以讓我安穩入睡，我絕對會乖乖上當。

這個時候，我都會想起別人給我的忠告：

「失眠不是活得不夠認真的人才會有的問題嗎？」

你可能會想問我聽完這句話，怎麼還能不感到生氣。

但如果你能夠反問對方知不知道這句話有多自我中心、多無知，那你可能打從一開始就不會有失眠問題。

有些人，只會在自己心裡問自己對於人生的疑問。

我為什麼會這樣？我不得不這樣的原因是什麼？我的問題在哪裡？

內心的問題一個接著一個，不斷催生出下一個問題。這些想法在我們認真過著日常生活，專注在某些事情上的時候，會被掩蓋在意識之下，卻會在肉體停止動作時開始冒出頭來。閉上眼睛準備入睡的時刻更是如此。越壓抑這些想法，它們就會越來越茂盛，令我們在不知不覺間全身緊繃，而這樣緊繃的身體，也使我們更難入睡。

不是因為這些人過得太安逸、太不規律，而是他們天生就比較難入睡，這些人在有壓力的環境下，更容易遭受到失眠這樣的懲罰。

我的失眠，在後來治療恐慌症的過程中就自然解決了。現在的我，過著比過去任何時刻都要更容易入睡的生活。

最近在睡前我會聽有聲書。有一些一聽就覺得很有趣的內容，也有一些怎麼樣也聽不進去的無聊內容。最好是趣味程度適中、對內容有一定程度的熟悉，而且由發聲正確的聲優來閱讀，這樣才能幫助我們適當地專注，減少雜念的產生，接著在意識漸漸遠離的時候，聲音就會成為白噪音。去回想自己記得的有聲書內容，會發現我入睡大概需要花十五分鐘。雖然我還是需要輔助工具來幫助自己入睡，但這樣的情況還算可以接受。

雖然睡眠已經變得比較輕鬆，足以讓我覺得床鋪是個舒適的空間，但我還是很羨慕那些好像身上有「關閉電源」按鈕，只要一躺下就立刻睡著的人。我只能偶爾在健檢中心，為了內視鏡檢查接受麻醉的時候體會一下那種感覺。那會是一種感覺眼皮十分沉重，一躺上鬆軟的床鋪，身體的所有感受就立刻中斷的感覺嗎？

我並不是覬覦自己沒有的東西，應該說是對於或許永遠無法享受的狀態，有著一種幻想。

其實把身體交給整齊乾淨的床包和鬆軟的寢具觸感，接著立刻陷入甜蜜的夢鄉，這種事情光用想像的就讓人非常開心。

可以把別人沒有意識到的日常生活，當成是自己生活中的例外，這或許是藉由透過內心的疑問來幫助自我成長的人們，最大的安慰也說不定。

我並不是覬覦自己沒有的東西，應該說是對於或許永遠無法享受的狀態，有著一種幻想。

Chapter 4

只要一步就夠了

—不能在房間裡解決所有的事情嗎？—

我偶然聽見一群社會新鮮人在聊天，從對話的內容來看，大家都覺得很累，繁瑣的社會生活讓他們累得暈頭轉向。對話過程中，有一個人丟出一個問題：

「你們覺得薪水要到多少，才能夠辭職在家接案？」

他們的答案真的讓我很意外。

「我覺得一個月能賺到三萬就可以辭職了。」

「我覺得一萬五差不多，只要可以不吃不喝，整天宅在家就好。不出門也不跟人見面，只在想工作的時間點做我想做的事情。」

在社會上打滾過一段時間的人，聽到這番話第一個反應說不定是嗤之以鼻。覺得這些人年輕不懂事，不曾用這點錢生活所以才會說出這些話，說不定還會批評現在的年輕人沒有遠大的志向，不想兢兢業業，只想追求安逸的生活。

但我聽到這些話的時候，卻產生很強烈的共鳴。因為我也非常想過這種生活，所以才會成為專職作家，才會選擇一個大家公認會養不活自己的職業，而且我剛開始當自由工作者的時候，拿的就是他們掛在嘴上的那些微薄收入。老實說，我現在還是會想，如果躲在房間裡面整天寫作就能養活自己該有多好。

內向的人當中，很多人都夢想擁有「在房間裡解決一切的人生」。進入體系裡要跟人糾纏，還要配合他人的個性，這些令人頭痛的情況真的是有夠倒胃口。這些事情已經偏離了工作的本質，而且還會占用大量的精力。對在跟外界互動時，總是會很快感到疲憊的內向者來說，人際關係本身就是最沉重的勞動。但只要一不小心，就可能會對工作造成巨大的影響，所以也不得不小心處理人際問題。時間一久，內向者就會發現，雖然會因為工作以外的事而感到辛苦，但這也是工作中很重要的一部分，而且薪水就是代價，所以他們才會這麼渴望能夠當個自由工作者。

但以我長時間接案的經驗來看，當個自由工作者可能也無法實現這個夢想。首先，若依照我的天性，那我只會跟出版社有最低限度的交流，除了出書以外不想在任何地方曝光，想要自己一個人躲起來做自己要做的事，希望稿子或是書出版之後能夠自己暢銷。

曾經，作家們確實享受著類似這樣的生活，但就連那個時候，成天躲在房間裡寫作的人，還是不太能夠只透過書跟讀者交流。除了幾個天才之外，大多數的人還是必須和出版界的相關從業人員來往，懂得宣傳個人作品的人，才能夠長期從事這個職業。

我是個懂得適時打開社會化開關的內向者，所以會視需求短暫離開房間。只要跳脫我的本性，就能夠很快看見新世界，這也讓我可以承受稍微跨出一步到其他的世界。遇到這種情況時，我通常只需要拿出一點點的勇氣，就可以獲得好幾倍的回報。討厭變動的內向者，如果是在自己的想法驅使下去行動的話，通常都能夠獲得一定的成果。

有了這樣的經驗之後就會發現，每次跨出自己的小世界時，內心的糾葛與衝突就會漸漸變得不那麼強烈。

最近，即使沒有人催促我，我也會自己製造跟讀者見面的機會。這對我來說是非常不得了的事。從宣傳到決定日期、租借場地等準備過程，每一件事情我都非常用心，也會很早就開始期待要出現在大眾面前這件事。

這是邁開步伐，從我眼前這條線跨出好大一步的行為。

但這樣跳脫自我，進入充滿刺激與疲勞的世界所獲得的幸福，卻是難以言喻的。感覺就像跟著巨大的氣球，擺脫地心引力的束縛飄向空中。

不知從何時開始，我就放棄了要在房間裡解決任何事情的期待。因為我漸漸發現這並不容易，而且也不是什麼健康的生活。但我還是無法否認，自己一個人靜靜寫作，還是最讓我感到幸福的時刻。畢竟乘著氣球飛上天的經驗雖然刺激，但腳踏實地地踩在地上，才是最讓我感到自在的事情。

內向者的共同疑問

Q

我想當歌手，但我有舞台恐懼症，內向的我，也可以改變這樣的個性站上舞台嗎？

A

內向的個性與站在大眾面前也能好好表現自我的能力之間，並沒有太大的關係。接受人們的注目展現自己的才能，對任何人來說都是非常緊張的事情，即使是善於展現自我的外向者也一樣。因為必須在受限的情況下，把自己做的準備展現出來。即使只有一台攝影機在那邊拍攝，但如果必須一次就把歌唱好、把戲演好，

即便眼前沒有任何人，也還是會讓人緊張。

在別人面前展現才能這件事，更看重的是熟練度而非個性。只要多練習，把那個表演練到閉上眼睛也能夠完成的程度，即使覺得緊張，但多累積上台的經驗就會慢慢熟悉了。在這樣的情況下站上舞台，腎上腺素就會分泌，讓你變得很緊張，但你的專注力也會因此提升，很多人甚至因此表現得比練習時更好喔。

如果不管怎麼做都沒有改善，那你可能有焦慮症的問題，最好去找專家諮商。我們常說的舞台恐懼症，其實也屬於專家所說的社會焦慮的一種。

—宅女的條件—

那是我足不出戶好多天，埋頭寫作的時候。宅配司機傳簡訊來說把東西放在我家門前，我出去拿的時候，發現一雙脫在玄關的鞋子。當時我正覺得奇怪，為什麼這雙鞋子看起來這麼陌生，然後又想到：

「我最後一次穿鞋是什麼時候的事？」

內向者通常都是宅男宅女，不管其他地方再舒適，還是最喜歡待在家裡。我想外向者，無論工作再怎麼多，都沒辦法像我一樣待在家裡好幾天不外出。

而這樣的我在過去只把家當成基地的時期，無法理解為什麼下課回來發現家裡空無一人，自己會有一種中樂透的心情，更不懂為什麼朋友邀我去夜店的時候，我會覺得心裡哪裡不太舒服。

在這個充滿刺激的世界，家是我唯一可以掌控的地方。可以配合我身體的狀況來調整溫度，也可以擺出我想要的姿勢。最重要的是，不會遇到對我造成極大刺激的「人類」。我實在不知道為什麼要離開可以享有無限自由的家，這對現在的我來說成了理所當然的想法。

但每次遇到不這麼想的人時，我就會驚訝地發現世界上有很多不一樣的人。我有一些典型外向的朋友，他們在結束忙碌的一天之後，都說要去尋找安穩和平靜，卻總是不待在家。他們會為了找回平靜去寺廟寄宿，如果想要感受安穩，則會到東南亞的寺廟裡學瑜伽或冥想。對認為想要安穩跟平靜，待在家最好的我來說，這實在是難以理解的事情。

對我來說，為了冥想而到外國寺廟去這件事，本身就是跟極限運動一樣刺激的活動。雖然我也喜歡旅行，但我並不覺得那是去休息。

即使是到度假勝地去旅遊，我仍認為那是需要覺悟的冒險，也是有趣的挑戰。其實就連出門旅遊，我都覺得打開家門走進玄關的那一刻是最愉快的。

內向者就像是做了一個繭，躲在裡面讓自己長大的蠶一樣。如果自己的內心，沒有能夠完全沉默的時間，那就無法安穩面對人生的下一個週期。不要責怪他們老是想待在家的那種心情，最好還是放任他們，直到他們結束沉潛。

但為了不讓自己淹沒在有限的空間裡，宅宅還是需要一些原則的。

規律的生活。

我睡覺、起床跟吃飯的時間很固定，每天早上都會安排行程。有時候那個行程很可能是「一整天什麼都不做」，但我會努力讓我自己的時間不被意志影響，可以正常轉動。自己一個人過生活，如果沒有好好控制的話，就很可能讓人感到無力。

家必須要乾淨。

我曾經聽說，沒有整理的物品、髒兮兮的地板，這些都會在無形之間啃食人們的精神能量。成為宅女之後，我經常感覺到這句話是對的。有時候心裡覺得很悶，就會把一些用不到的東西拿去丟掉，反而有一種清理了大腦的感覺。

猶豫要不要去的約會，不如就乾脆點出席。

明顯不想出席的時候，會覺得不必被別人影響而讓自己的生活更疲憊。但如果遇到猶豫不決的約會狀況就不一樣了，因為這代表出席其實也有好處。如果得失所占的比重差不多，以至於讓你感到非常糾結，那不如去看看不同的世界，這樣比較不會後悔。

人的認同其實就等同於記憶，我們都要「去了」才會知道是什麼將自己定義成現在這樣子。如果因為是個宅宅就放棄所有體驗的機會，那麼從那一刻開始，你的人生就會失去認同了。對我們來說，即使為數不多，但還是會需要能夠為當時的自己下定義的體驗。

要運動。

老實說，我真的超級無敵討厭運動。感性上實在不能理解，為什麼要花時間去做像滑雪或網球這種需要練習的運動，但理智上倒是能夠認同，為了鍛鍊肌肉所以需要運動這件事。我每天會運動一下讓自己流汗，我會在公園快走，天氣不好的時候就會在室內騎腳踏車。習慣自我封閉的宅女，很需要深呼吸和讓身體熱起來的感覺。動起來的肉體，可以幫助我們在心中待了好一陣子，然後又被帶往更深處的自我，再一次地拉回到水面上。

今天是周而復始的星期一，原本安排好的會議取消，下一個禮拜的行程也一片空白。我看了一下記事本，反而覺得很安心。這讓我不必在意任何事情，可以有一段完整的時間獨自待在家，埋頭於文字創作，感覺就像獲得一份禮物似的。

也再一次讓我感受到，原來我這個人就是這樣子。

給宅女宅男的最佳禮物清單

・無論是什麼姿勢，都可以滑手機的支架

・舒適度十足的居家服

・半調理食品外送商品券

・床上桌

・AI喇叭

・懶人毯

―就像選擇無線吸塵器一樣―

跟朋友聊天，才發現她最近開始學芭蕾，因為聽說芭蕾可以矯正姿勢，所以我問了她很多跟芭蕾有關的事，獲得這樣的回應：

「妳也試試看啊，下次要不要跟我一起去？」

她不是因為我的問題太多而感到厭煩，也不是隨口說說的邀約。個性外向同時又是個行動派的她，是個坐而言不如起而行的人。所以她或許是認為，我應該跟她一樣是個很快就能付諸實行的人。

但我實在無法因為好奇，就去開始做一件像學芭蕾這樣的大事。如果我真的開始去學芭蕾，那可能是在至少接受五個人的建議，說芭蕾很適合矯正姿勢，可以去試試看，而且當時住家附近正好也開了一間芭蕾舞教室，並辦了很盛大的開幕活動時，我才會真的付諸實行。但只要開始，我就不太會放棄，通常都一定會把基礎學完。

充滿活力地在外奔走時，容易感到筋疲力盡的內向者，其實並不喜歡惹事。根據腦科學家的說法，內向者的腦袋即便在休息時仍會運作。對內向者來說，要做的事情變多，會變成一種非常大的壓力。外向者只有在做事的時候會專注在那件事上，但內向者卻會時時刻刻想著那件事。就像我們不用電腦程式的時候，不把程式整個關掉，只把視窗關掉，這樣還是會消耗大量的電力。一旦開始一件事情，那件事情就會開始消耗能量，所以內向者實在不得不更加謹慎。

雖然一旦開始某件事情，我就會覺得那件事情很可能占據我整個人生，但還是會希望可以試著讓自己抱持著輕鬆的態度去開始做些新的嘗試。

不要去看太遠的未來，放下想要認真拚搏的覺悟，從只需要動動手指的難度「隨意」開始就好。

我努力說服自己去嘗試一些微不足道，「開始去做」本身就是一個目標的事情。

幾年前，英國一間家電公司推出的無線吸塵器紅極一時。破盤折扣價讓我產生了購買的動機，所以我也跟上了這波流行。無線吸塵器宅配到家的那天，我滿心期待地收下那台吸塵器，打開電源，拿著它開始吸地時，卻感到相當地失望。我早就預料到了，這台無線吸塵器的吸力比不上一般的有線吸塵器。原本的吸塵器，只要放到地上啟動電源，就會像個黑洞一樣把地板上的灰塵給吸得乾乾淨淨，但這台吸塵器卻沒有那種爽快的感覺，我覺得自己好像把錢丟進水裡。

但自從有了這個不順眼的東西之後，家裡的景色卻開始不一樣了，原本滿是灰塵的地板，開始再也找不到半根頭髮。原因很簡單，那就是因為無線吸塵器會讓人更容易「開始」去打掃。

想要用有線吸塵器，就必須從多功能儲藏室，把笨重的機身扛出來，然後再把線給鬆開，插上插頭才能使用。打掃完後，還要再經歷差不多的步驟，這也讓人在開始打掃的時候就覺得心裡有個重擔。不過無線吸塵器可以立在房間的一個角落，拿起來立刻就可以使用。即使擁有能把化妝品的玻璃瓶給吸進去的超強吸力，但沒有插上電源，那就什麼也不是。

每天可以輕鬆拿來用好幾次的無線吸塵器，在這場仗中獲得了完美的勝利。好的開始就是成功的一半，這句鼓勵的話真的不是憑空捏造出來的。如果夠勤勞，體力又好，可以每天把有線吸塵器搬出來，把家裡打掃得乾乾淨淨自然是最好，但如果無法做到這個程度，那第二好的選擇，就是能幫助我們更快開始、讓自己更常去打掃的無線吸塵器。

我曾經把即使三天打魚兩天曬網，但只要經常重複這個過程，終究獲得成功的這個道理放在心上，不過現在我已經決定不這麼做了。即使不特別下決心，在那個過程中我也還是會投注同樣的心力，所以我希望不要讓自己花費太多力氣去「開始」一件事情。抱持著「反正還是可以湊合著用」的想法，拿出無線吸塵器來用的生活，讓我覺得非常輕鬆。

但我一方面也在擔心，會不會有人認為「這篇文章是勸大家去買無線吸塵器的業配文」，從這點來看，我好像還有很大的努力空間。

—想想優點，也想想缺點—

我曾經問過一個識人無數、生活也過得十分忙碌的朋友說，遇到壓力的時候回家都怎麼排解，他的回答讓我很訝異，一直到過了好幾年後的現在仍然記得很清楚。

「其實……我都不太會去想，回家就會忘記，然後睡覺。」

他臉上那不好意思的微笑，其實也代表著他大概知道這樣的回答通常都會引起別人怎樣的反應。我也曾經在好幾個朋友一起見面的時候，聽過他說「雖然很累，但喝杯啤酒吐吐苦水就算了」。

我知道他原本就很樂觀、外向，但世界上竟然真的有這種個性的人，對我來說真的是一大衝擊。

只要一遇到壓力，就算那件事情已經過去，我也還是會不斷回想起來。就算硬是壓抑浮上心頭的想法，還是會藉著其他的事情萌生出來。而這些巨大的想法，會吞噬我的日常生活與睡眠，使我日漸凋零。我一方面覺得容易想太多這件事真的很累，但另一方面也覺得會這麼想本身就屬於想太多的一種，有時候甚至連自己也會不住地搔頭。好像這麼做，那些多餘的想法就會像粉塵一樣被我抖掉似的。

當不痛快的事情如風一般吹過時，總會令我不住地跟著搖擺，這些「想法」實在令人厭煩。

看到不成熟的人，我們總會說他們「不會想」，以絕對正面的態度來看待深思熟慮這件事，但想太多其實也是一種毒。我們無法只靠想就獲得正面積極的想法。通常想到「思索」，就會跟著聯想到盤腿打坐，雙眼輕閉的冥想姿態，但其實源自佛教與印度教的冥想，是要清空腦中思緒的修練方法。

對內斂的內向者來說，想法是一種工具，卻也是種負擔。想法不斷滋長，會衍生出創意的成果，也可以憑藉著比他人看得更遠、想得更多，來帶給他人靈感。

但如果落入想法的圈套當中，那就會成為傷害自己的加害者。總是被想法牢牢綁住的內向者，只有一個方法可以保護自己。

那就是行動，付諸實行。

我曾經因為該做的事情與計畫不斷累積，進而被莫名的憂鬱感給纏上。通常有了新的工作，我就應該要更有活力才對，所以這真的很奇怪。某天覺得不能再這樣拖下去的我，終於下定決心坐下來，把我該做的事情整理成清單。而且我不是以重要度來排序，而是從可以立刻解決的事情開始排序，然後就開始埋頭苦幹，把成品寄給負責人。

不付諸實行的事情，總是會讓人一直很在意。事情越多，想法也就會開始互相衝突，進而撞出更多的稜角。

你曾經有在假日睡得比較晚時，煩惱今天到底要不要洗頭的經驗嗎？

「下午要跟朋友見面，以我們的交情來看，好像戴個帽子也沒關係。

「不，就算是這樣，我們還是約在很熱鬧的地方碰面，這個樣子出去我會覺得很尷尬。不，好麻煩喔，還是出去見個面就回來吧。等等，如果朋友找了其他人加入，那我可能會覺得很為難吧？」

問題不在要不要洗頭，要摒除這些想法的最快方法，就是直接去洗頭。只有付諸實行，可以減少多餘的想法。

其實內向者只要能夠習慣付諸實行，就能夠取得很大的優勢，可以掌握關係、工作、自己的生活型態。

想很多的人一旦付諸實行，那些想法就會現實化，且產生一套屬於自己的哲學。這些想法將不再只是多餘的留戀、擔憂甚或是妄想，而是可以讓人過得更好的工具。

不付諸實行的夢想家，比不假思索的行動派更糟。無論再如何缺乏直覺、共鳴的人，都還是可以透過經驗來幫助身體學習，這樣的人所能達到的境界，反而比坐困圍城的哲學家更高深，這也是很常見的事情。

付諸實行對我來說仍是個課題。與其說是麻煩，更應該說是我在一開始，經常沒有意識到那是應該付諸實行的事情。思考與行為較為內斂，且天生就缺乏精力的我，其實在面臨要不要做的選擇時，通常都是選擇「不要」。不做比較輕鬆，也比較符合我天生的個性。但我知道，如果就這麼放任自己順著本性活下去，我就會被想法給吞噬，無法達成任何目標，所以我會故意違背自己的想法，選擇「要做」。

目前為止，付諸實行都還沒有背叛過我。

「那點小事，我也想「乾脆」說出口」

有些人看到我被別人傷害，心裡覺得受傷時，會對我說這種話：

「那個人原本就這樣，妳就算了吧。」

聽到這種話，我就會覺得再也不能跟說這種話的人商量我的煩惱。雖然這是真心的安慰，但這番話其實也隱藏著，別再拿自己的事情去煩你身邊的人的意思，而這樣的想法也沒有什麼不對。

每次聽到別人說這種話，我就會更真心地希望自己能乾脆忘掉這些事。

但是如果可以說忘就忘，那人類就不會過得這麼疲憊了，畢竟人之所以會互相傷害，最大的原因就在於最終仍無法忘記那些情緒。

內向者的行為或情緒處理方式，是屬於比較內斂而非外放的型態，所以要忘掉這些情緒會更困難。因為在外界活動時使用的能量有限，所以無法沉浸在來自外界的刺激，直到這些情緒自己排解掉。

就像某部連續劇的台詞一樣，我總希望「我能變成鐵石心腸」。要為毫不值得的事情費心，要去在意傷害我的人，把我人生的一部分用在這些地方，實在是覺得有些冤枉。即使隨著人生經驗的累積，可以用不再讓自己後悔的方式去處理這些問題，但還是會有後遺症。即使假裝若無其事地過著日常生活，卻還是會感覺自己就像在演恐怖電影，背上背著一些不存在的重擔。理性上已經處理好的事情，感性上卻還是過不去，這樣的矛盾本身就很容易加重傷害。

所以對這樣的內向者來說，「乾脆忘了吧，這沒什麼」之類的忠告，聽起來只是不切實際的安慰。

在面對傷害感情的事情時，總是可以不動如山的人，其中有很大一部分是外向者。

但如果在旁邊觀察，會知道他們其實也受了很重的傷。他們的心胸寬大，但並不代表他們的感情不會因為一些小事受傷。只不過他們可以用很驚人的速度，把這種被傷害的情緒忘掉，就是大家說的「咻」一下忘了。

這麼說來，外向者看起來就像是可以把子彈彈回去的鐵人，但其實他們也是普通人，只不過情緒的臨界值相對較高罷了。他們會大膽碰觸那些內向者絕對不會碰觸的領域，會受傷可以說是自找的。這些傷有時候，會變成連他們都難以承受的深刻傷痕。或許無論內向者還是外向者，無法「咻」一下忘掉的傷痕總數其實都是一樣的。

從某一刻起，會讓我認同的，就只有我們都會需要一段時間讓傷口復原。無論怎麼說服自己乾脆一下忘掉就好、這實在沒什麼，內心的傷口還是無法立刻復原。就像被針深深扎傷的手指頭，不可能只靠沒事這個想法就立刻康復一樣，所以我們不如乾脆接受復原是需要時間的這件事，反而比較可以讓自己放心。

如果拋開了急躁的心，接著就應該要盡快避免接觸到造成這些傷的現實因素。像是跟傷害自己的人保持距離，或者如果有能透過對話解決的部分，那就盡量透過對話解決。就像斷掉的針進到傷口裡使傷口化膿的話，那無論怎麼搽藥也沒有用，如果那些造成內心受傷的尖銳事物依舊，那傷口自然不太可能復原。

讓自己處在願意正視內心傷口的狀態，靜靜地等待自己恢復，總有一天一定能迎來康復的時刻。到時再開始安慰自己就可以了。

我覺得，現在已經可以不必再怨恨自己，為什麼沒辦法很乾脆地把事情給忘記了。

「真希望我也是個爽快的人」

有時候會從一些沒禮貌的人那裡，聽到一些沒禮貌的話。這時候，如果沒有做出回應，而是支支吾吾的話，未來一定會後悔。從小，我都會先覺得自己真的很傻，然後開始後悔萬分。

想法比較內斂的內向者，如果被初次見面的人問說「妳年紀看起來很大耶」，會反射性地先檢視自己的情況。是我最近工作過頭，臉色變差了嗎？還是最近穿得比較老氣呢？接著在過了好一段時間之後，才意識到對方很沒禮貌。

如果能夠立刻回擊，「爽快」地說：「是喔？我還以為你的輩分比我高很多呢……看來我們都算是老臉，哈哈！」那不知道該有多好。錯過回擊時機的我，心裡總是會不太好受。

雖然每次都下定決心之後不能再這樣，可是每次遇到這種事，都還是會重蹈覆轍。

但在這種無禮的情況下，放射性思考的外向者就可以立刻做出回應。個性內向的人，無論怎麼事先學習、熟悉應對的方法，遇到類似的事情還是會吞吞吐吐，然後就這麼帶過。

這不是因為膽小或是畏縮，而是因為思考的結構與方式不一樣。

坦白說，這種事我也經歷過很多次，更從中學了不少，但現在遇到這種事，我還是每次都會後悔。我想我大概到死，都無法做出讓自己毫不後悔的應對吧。但後悔的種類和程度確實有點不一樣。如果說以前的後悔是「當時應該要這樣回答的……」那現在的後悔就是：

「我應該要快點逃跑才對!!」

據說學防身術的時候，老師都會告訴學生，遇到拿刀的人就要這麼做：盡力抵抗然後逃跑。

這不是卑鄙的行為。既然無法贏過對方那就逃跑，為了保護自己的生命與尊嚴，這通常是最明智的選擇。

對別人沒有禮貌的人，就像是拿著刀一樣，即使我壓制了他，我自己也會受傷。如果在跟這些人的互動中受了傷，即使是小小的碎片也可能會致命。本來就已經屈居劣勢的內向者，實在很難從這樣的情況中全身而退。

面對無禮的人，最好的報復就是盡快逃離那個人身邊，將那個人靜靜地排除在自己人生的每一個時刻之外。

而且這還是最成熟的報復方式。

其實在大人的世界中，對不得體的成員，大多都是施以這樣的處罰。在這個複雜又充滿意外的世界上，硬是幫自己樹敵並不是什麼明智之舉。畢竟未來不知道會以什麼樣的方式再跟那個人相遇，而且無論對方再怎麼無能，他還是有能讓別人生活得更辛苦。所以，這個世界就悄悄地發展出一種懲罰方式，來懲罰這些不良的態度。

或許在你抱怨完業界景氣不好，所以一直沒有案子進來之後，或許在你唉聲嘆氣，覺得自己運氣不好，推動的事情都無疾而終之後，這個世界會靜靜地給你一個報復。

以前我都覺得，自己沒辦法對那些荒謬與無禮做出適時且大快人心的回應，但現在回想起來，這種無法立即還以顏色的個性，或許成了我的防護罩也說不定。

可以用言語痛快回擊的人，偶爾會因此而鑄下大錯，為了填補這樣的錯誤，必須投入大量的經驗，這可不是收斂型的內向者可以承受的事情。

幾天前，我在一個場合遇見一個超級無禮的人。他以侮辱人的言語和態度，讓周遭的人感到尷尬，卻又誤以為自己非常幽默有趣。我還是沒有立刻察覺到他有問題，只覺得我的心情很不好。我那曾經為了應對這樣的時刻，而接受機械式訓練的意識，突然警鈴大作。

「快逃跑！快點!!」

我想著「啊，好，我知道了」，然後就開始跟現場的其他人攀談，並以最快的速度離開現場。

現在如果有誰說的話讓我覺得很不舒服，我會先盡快離開對方身邊，保護好自己之後，才去探究理由。這樣就可以更清楚地知道，究竟是我太敏感，還是對方太無禮，然後才能採取下一步的行動。

這麼說來，我想未來我的人生當中，應該也不會有適時地像機關槍一樣，當場用大快人心的話來回應他人的事情發生了，但我也不覺得這是什麼損失。

內向者的共同疑問

Q 我沒有辦法很直接地說出應該對別人說的話，也無法想到什麼就去做什麼，覺得自己很畏縮又不乾脆。克服內向的個性之後，這種感覺就會消失嗎？

A 畏縮又不乾脆跟內向並沒有太大的關聯，外向的人如果想法太狹隘、沒有實踐能力的話，也會被指責說是太過畏縮。內向的人在付諸實行之前，都會比較深思熟慮，也比較謹慎，所以才容易被誤會。個性極端內向的人當中，其實大多都是很大方的人。

如果你覺得自己個性太畏縮又不乾脆，那應該不是內向的問題。你可以慢慢嘗試自己想做的事並面對結果，藉此累積經驗並培養對自己的信賴。這種事情需要一點勇氣，一開始當然不容易，但只要堅持下去，必要的時候你就能擁有足夠的勇氣去挑戰。

慢慢接近自己的理想，努力幫助自己累積經驗，這樣畏縮又不乾脆的自己，很快就會成為過去的回憶。

─我喜歡自己一個人，這樣可以結婚嗎？─

我覺得我是個不適合結婚的人，我比較關心自己的生活，也喜歡獨處。談戀愛的時候，就連心情好的時候，我都會懷疑難道真的得把我美好的人生，花費在這種「消耗性的活動」上嗎？這樣的我，卻比身邊的任何一個人都更早結婚。從這件事情當中，我了解到「無論面對什麼事，人都不能太鐵齒」，得到除了人生該面對的課題之外，我們無法保證任何事情的教訓。

總之，以一個典型內向者的角度來看，我經常覺得結了婚的這個狀態其實並不壞。

我覺得在韓國，其實很少有人在結婚之後，會去配合配偶的各種習慣來改變自己。身為一個已經嫁做人婦的當事人，我反而經常覺得結婚對內向者來說更有利。

內向者在面對人群的時候，總是容易感到疲憊，而且喜歡自己一個人，可是他們並不是討厭人。跟人見面時所耗費的精力很大，這跟因為去做某個行為，可能要付出或能夠回收一些機會成本，而搖擺不定其實是不同的兩件事。忙碌或疲憊的時候，當然會比較偏向「不想見面」的那一邊，但從某一刻開始，他們會覺得自己的生活變得很頹廢。就像如果嫌冬天實在太冷，而好幾天不願意開窗通風的話，腦袋會在不知不覺間變得昏沉，更可能會頭痛一樣。

而且無論是再怎麼喜歡獨處的人，跟他人的互動仍然是他們生活中最主要的一部分。雖然一旦在這種場合受傷，就會痛到好一段時間不願意去面對這件事，但這樣的傷最終仍然會因為人際關係而癒合，我們就是抱持著這樣令人感到悲傷的矛盾活著。

對從來都認為自己最適合獨處的內向者來說，與配偶的關係就成了他們最後的堡壘。

觀察在餐廳吃飯的情侶，可以一眼看出他們是情侶還是夫妻。情侶會持續地把注意力放在對方身上，對看或是聊天，但夫妻卻是會注意提前上桌的小菜，各自吃東西或是滑手機，有必要的時候才會說話。

我曾經悲傷地認為，這樣的情況就好像眼睜睜地看著愛情變質，但現在反而覺得這種不必費心想話題，也可以輕鬆維繫下去的關係更加珍貴。事實上，比起必須面對要繃緊神經不斷維持對話的人，我反而覺得跟老公去吃飯的時候好像更美味。他對我來說，就是一個既有存在感，但又不會讓我感到疲憊的唯一。

所謂的夫妻，是一種非常特殊的關係，無論是用「像朋友一樣」「像戀人一樣」，還是「像兄妹一樣」，都很難解釋那樣的親密。即使他與我完全沒有相似之處，卻又感覺像是身邊有個我的完美複製人一樣，完全不會感到一絲奇異。

如果是會因為多巴胺的分泌而做出反應的外向者，那或許會覺得我所描述的夫妻關係，就像是坐牢一樣無聊。但我覺得很多事情都能夠事先想像的這段關係，反而很適合我的個性。像我先生其實是個不亞於我的內向者，這讓我覺得很棒。

長大之後慢慢了解到，朋友不會是永遠的。

學生時代不疑有他，認為到下輩子都還會是朋友的那些人，都會慢慢因為踏上不同的路漸行漸遠。這跟親密感的濃度無關，我們會隨著人生的週期跟某些朋友非常要好，接著又因為週期的改變開始和另一群人走得比較近。現在，坐在人生駕駛座上的成年人，已經不會單單只是因為往日情懷，而想要維繫一段不會讓人感到愉快的關係了。朋友關係隨時都可能破裂、改變，更需要持續的管理和維護。

雖然結婚也並非永遠，但至少兩人的關係是以永遠為前提所訂下的協議。換句話說，兩人是約好要成為永遠不會分開的「好朋友」。跟朋友不一樣，婚姻關係一旦破裂，人生就可能得蒙受不小的損失。

在遵守約定的前提下維繫的婚姻關係，反而使我不必再像單身的時候一樣，必須付出極大的努力來避免自己遭到孤立。我能夠蓬頭垢面地，穿著睡褲像條毯子一樣，癱軟無力地倒在沙發上，也都是因為有我老公的緣故，這也讓我更享受獨處的時光。

我能夠誇海口掛保證的，就只有「我不敢保證」這句話，只有「沒有正確答案」這件事情，是這個世界唯一的真理。所以我這種內向者更適合婚姻生活的感受，也並非唯一的正解。而且要讓這句話成立，前提是這必須是一段「好的婚姻」。

我只是想給那些喜歡自己一個人、害怕結婚的內向者，多出一個可以考慮的額外選項而已。

無論是再怎麼喜歡獨處的人，跟他人的互動仍然是生活中最主要的一部分。

—我會這樣處理憂鬱感—

對情緒與感受非常敏感的內向者，能夠感受到被外向者在下意識之間忽略的瑣碎幸福，我覺得這是更關注內在情緒的內向者所擁有的特權。

但能夠感受到情緒的細微波動，也並非全然只有好處。人本來就對負面情緒會有更強烈的反應，而且這種負面情緒也會更深刻。畢竟不安、恐懼、擔憂等情緒，都有利於生存。認為「站在懸崖邊，很有可能會掉下去」的人，跟認為「只是稍微靠近懸崖一點，會有什麼問題嗎，人不會那麼容易就死」的人相比，誰在登山的時候比較有可能毫髮無傷地離開呢？

雖然認為外向者不會得憂鬱症是一種危險的偏見，不過其實外向者得憂鬱症的機率或許確實低一些，就像我們無法否認內向者真的比較容易受憂鬱情緒所苦一樣。

對我來說，憂鬱是一種很親切、熟悉的情緒，我也曾經被診斷為重度憂鬱症，現在還是糊裡糊塗地跟沒來由的憂鬱感一起生活。

人們常說憂鬱症是心的感冒，而越深入了解，就越覺得憂鬱症跟感冒很像。感冒跟憂鬱症，都是可能找上任何人的症狀，但其中確實有些人的體質比較容易受到影響。通常放著不管就會自然痊癒，但如果能夠好好照顧，症狀就會比較輕微、比較快好。如果放任、置之不理的話，可能一不小心就發展成嚴重的疾病。

偶爾碰上莫名的憂鬱感時，我還是會因為不知道該怎麼應付這個熟悉的陰沉傢伙而感到尷尬。起初我會下意識地一直問自己「為什麼」，彷彿一定要找出這個問題的答案，才能夠擺脫這股憂鬱感。但我很快就發現，「為什麼」其實並不重要，埋頭去想「為什麼」，只會很快地讓憂鬱感跟如毒藥般可怕的過度思考（over-thinking）連結在一起。

過了這個階段之後，我便決定開始把自己當成沒有靈性的產物。憂鬱是大腦的作用與荷爾蒙的分泌所造成的問題，所以我相信只要改變身體的條件，就能夠做出適合這種狀態的反應。

其實我們的憂鬱感，是無法只靠抽象思考來定義、控制的東西。就像隨著冬天來臨，氣溫越來越低，罹患季節性憂鬱症的人就越來越多，或是像日照量不足的北歐，會有許多人罹患憂鬱症一樣。其實擁有女性身軀的我，會不希望自己每個月都必須配合荷爾蒙週期這一點，就證明了我的情緒受肉體的動物本能所掌控。

容易陷入憂鬱情緒當中走不出來的我，是一種名叫人類的動物，一旦開始產生這樣的想法，我就可以擺脫不必要的自我憐憫與過度思考。

首先，我一直很努力讓自己不要太晚睡。夜晚好像會讓我完全轉換成另外一個人格，無論怎麼努力，都無法扭轉被負面情緒與憂鬱感占據的思考。如果不想被憂鬱支配，那就盡量不要熬夜。

當然，受憂鬱所苦的人無法輕易入睡，但也不能因為睡不著，所以就放任自己滑手機熬夜。進入這樣的時期，我就不會在晚上做太激動或是需要高度專注的工作。即使不會馬上躺到床上，也會早早洗好澡，換上睡衣，從事閱讀之類比較安靜的活動。

我也會努力讓身體動起來，去走路或跑步，做些能讓自己流汗的運動。當身心因憂鬱感而變得沉重時，運動可以讓心情立刻變好。剩下的時間就會打掃或整理，埋頭做一些能清空腦袋的事情。經常清潔，想辦法讓自己穿得乾淨、整齊，也是我在陷入憂鬱的時期會做的事情。

專家經常在講該如何面對憂鬱感，但人們總把「散步」和「曬太陽」當成是玩笑話。不過這其實是非常基本，但大多數人都無法遵守的建議。到外面曬太陽，真的會讓自己好一點。因憂鬱感而生病的人，最大的問題就是連到外面的力氣都沒有。如果只是單純的憂鬱感，那到戶外走走確實是有幫助的。

無論如何，都要讓自己別生病，別讓身體感到不適。憂鬱感通常還會伴隨著各種小病。如果你一直這裡痛、那裡痛，就會讓自己更憂鬱，為了切斷身體狀態每況愈下的惡性循環，我會先照顧自己的身體。這時候與其去醫院接受基礎治療，我會選擇執行比較普遍的處方，但還是會聽醫生的話吃點藥，讓自己的狀態好一點。這樣才能夠用還算可以的心情，一點一點地讓自己動起來，創造出憂鬱感慢慢減少的良性循環。

我們的情緒會受身體的狀況影響，跟心情有很深的關聯，所以無法在身體受苦的情況下讓情緒好轉。所以我只要受憂鬱感所苦，就會開始照顧自己的身體，身體是最優先的。

我曾經以為，過去還不太成熟，沒有什麼負面情緒的時期就是幸福，但後來才知道，幸福的面貌更多變、更複雜。幸福是就連憂鬱這種情緒，都能夠當成生活的一部分，能夠照著自己的樣子生活下去，對生活的整體獲得滿足。

我們可以不把憂鬱感這傢伙當成跟喜悅、愉快、快感等一樣的情緒，但我想說，不如把它當個會定期來探視的朋友怎麼樣呢？下次它要是再來，我想這樣跟它說：

「快來，我幫你準備了一個小房間，在那裡住一住再走吧。希望你住在這裡的時候，別把整間房子搞得一團亂，離開的時候也可以不用跟我說。」

幸福是就連憂鬱這種情緒，都能夠當
成生活的一部分，
能夠照著自己的樣子生活下去，
對生活的整體獲得滿足。

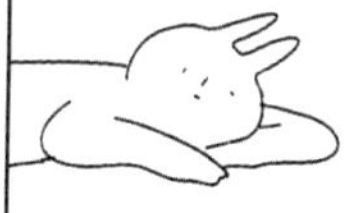

【後記】

關於那些不曾表露的、消極的、緩慢的態度

在寫這本書的時候，我努力了十年的減肥願望終於實現了。雖不是個天大的祕密，我也沒有瘦到可以拿出來炫耀，只是我終於違抗了時間的重量，「第一次」看見體重計的指針往後了一些。就在我甩開了大量頭髮的重量之後，衣服的尺寸也終於小了一號。

我的身體，如實反映了主人的敏感個性，總是會激烈地抗拒改變。隨著年紀增長，代謝率與活動量都變低了，這些自然累積起來的脂肪，不像以前那麼容易離開我了。

只要稍微減少食量或是運動一下，就會立刻受到失眠或全身痠痛的懲罰，這也讓我嚇得不敢隨便違背自然的真理。我一直過著不太會把肉體逼到極限，很少有機會考驗意志力的生活，所以我決定讓自己屈服，跟著自然的法則演進。

某天，我開始想過跟過去不一樣的生活。也因此，久違地開始想讓這個承載靈魂的肉體做些改變。毛躁的我開始想去找神聖的體脂肪麻煩，但實在有過太多在開始戰鬥之前就投降的經驗，所以我便靜靜展開了身體無法察覺的減肥計畫。

我就像修道僧一樣，規律地工作、吃飯、運動，非常微量地慢慢減少日常生活中的食量，也一點一點地增加運動量。就這樣一個月瘦一公斤，在寫後記的此刻，我已經瘦到跟十年前差不多，稍微把一點空間還給這個世界。

我也是最近才知道，世界上有那種可以像煙火一樣燃燒自我的人。所以過去我都認為，只有大家熟悉的那種激烈減肥才是真正的減肥，然後用這不自量力的身軀，鍛鍊自己無辜的意志力。

必須在比較安靜的世界裡，緩慢且慎重地做出每一個行為的內向者，很容易覺得自己很煩。雖然想要像熊熊燃燒的營火一樣，讓大家看見燦爛的火光，讓自己感受一下雙頰發熱的情緒，但內向者卻總像會讓人懷疑是否真的有熱的水暖墊一樣，散發著微妙的溫度。

每當跨越人生的一個階段時，我們都想要用火箭般的推進力，推擠四周的空間，讓自己在瞬間抵達不同的次元，但現實生活中的我們，卻只能乘著必須自己划槳的獨木舟不斷努力向前。

執行那不像減肥的減肥計畫，並藉著文字來回顧自己的內向者生活，我感覺自己好像更了解水暖墊或獨木舟的優點了。只要不把電源關掉，或是不永遠拴在碼頭邊，無論是水暖墊還是獨木舟，都能夠滿足於自我的價值，滿足於這種溫和、不冷不熱、緩慢的感覺。

希望這本書，能夠帶給那些自己為自己建立價值，卻總是感到被剝奪的人，以及好不容易按下了社會化開關，飾演著受歡迎的社會成員的人們，一點小小的共鳴與安慰。

二〇一九年四月

南仁淑

內向者所能開闢的幸福，是更深刻且溫柔的。

內向者了解很多事情並非是好壞的問題，也明白正確地看待自己，才能夠幫助自己獲得幸福。

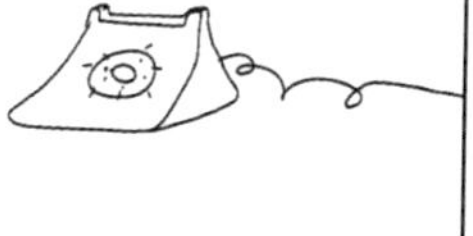

K原創007

其實，我是個內向的人

面對人際關係，隱藏的是不安的自己

作　　者｜南仁淑
譯　　者｜陳品芳
出 版 者｜大田出版有限公司
台北市一〇四四五 中山北路二段二十六巷二號二樓
E-mail｜titan@morningstar.com.tw http：//www.titan3.com.tw
編輯部專線｜（02）2562-1383 傳真：（02）2581-8761
總 編 輯｜莊培園
副總編輯｜蔡鳳儀
行政編輯｜鄭鈺澐／楊雅涵
內頁美術｜陳柔含
校　　對｜黃薇霓／金文蕙
初　　刷｜二〇二〇年一月一日 定價：三六〇元
六　　刷｜二〇二二年十月七日
購書E-mail｜service@morningstar.com.tw
網路書店｜http://www.morningstar.com.tw（晨星網路書店）
TEL：04-2359-5819#212 FAX：04-2359-5493
郵政劃撥｜15060393（知己圖書股份有限公司）
印　　刷｜上好印刷股份有限公司
國際書碼｜978-986-179-583-6 CIP：173.761/108017189

填回函雙重禮
①立即送購書優惠券
②抽獎小禮物

國家圖書館出版品預行編目資料

其實，我是個內向的人／南仁淑著．
——初版——臺北市：大田，2020.01
面；公分．——（K原創；007）

ISBN 978-986-179-583-6（平裝）

173.761　　108017189